KB063921

소크라테스,
죽음으로
자신의 철학을
증명하다

다나카 미치타로 지음 | 김지윤 옮김

AK

일러두기

1. 이 책의 인명과 지명은 국립국어원 외래어 표기법에 따라 표기하였다.

2. 책 제목은 『』, 이외의 인용, 강조, 생각 등은 따옴표를 사용했다.

3. 하단 주는 저자가, 역주 표기한 것은 역자가 단 것이다.

4. 인용문에 붙어있는 아라비아 숫자와 로마자는 출판업자였던 스테파누스 Stephanus가 붙인 것이다. 그는 1578년에 요안네스 세르라누스Joannes Serranus 가 번역한 플라톤 전집을 발행하면서 다른 플라톤 저작 연구가들이 참조할 수 있도록 판본의 쪽수와 단락을 각각 아라비아 숫자와 로마자로 표기했다.

5. 산돌과 Noto Sans 서체를 이용하여 제작되었다.

머리말

이 일을 수락한 지 벌써 몇 년이나 흘렀는데 좀처럼 펜을 들지 못하다가 올해 여름이 되어서야 겨우 정리하게 되었다. 소크라테스 문제는 그리스 연구자들 사이에서도 어려운 문제로 정평이 나있다. 플라톤과 소크라테스가 거의 일체화되어있기에 역사적 소크라테스를 구별해 낸다는 것은 기술적으로 극히 어렵기 때문이다. 전면적으로 부정하거나 긍정하는 극단론은 안이한 방법이기에, 나는 양극단 사이에서 여러 가지 가능성을 놓고 시험해 보는 어려운 방법을 택하려고 한다.

사료史料에 대한 비판과 거리를 둔다고 해도 어떤 의미

에서는 지나칠 정도로 풍부한 자료 가운데 소크라테스의 전체상을 파악하는 일은 매우 어렵다. 그의 삶과 언행은 플라톤을 비롯해 그를 직접 지켜본 제자들에게도 거의 수수께끼에 가깝지 않았을까 싶다. 그 이후, 오늘에 이르기까지 그는 여전히 논란을 일으키고 있다. 소크라테스의 일면을 두고 헤겔과 키르케고르, 밀과 니체는 정반대의 해석과 평가를 한다. 전후戰後에도 서양 학계가 주목해야 할 소크라테스 연구 몇 가지가 나왔지만, 그것들 중 어느 것도 완벽한 답이라는 평가는 받지 못했다. 나 역시 직접적인 자료를 토대로 나름의 소크라테스상을 정리해보았지만, 이것으로 소크라테스 문제를 얼마만큼 풀었는지 알 수 없고, 뭐든지 알고 있다고 자신할 수도 없다.

솔직히 말하면 이 책이 소크라테스의 모든 것을 다룬 것은 아니다. 분량의 제한이 그 일을 허락하지 않았기 때문이다. 독자가 직접 플라톤의 『소크라테스의 변명』『크리톤』『파이돈』『향연』 등 이른바 소크라테스 4대 복음서를 읽어보기를 권한다. 이 책은 플라톤의 위 작품들에 대한 서문, 혹은 주석과 같은 것이다. 법정의 소크라테스와 그의 죽음 장면을 누구도 플라톤만큼 쓸 수는 없다. 만약이 책에 또 하나의 장章을 덧붙일 수 있다면 나는 플라톤

번역을 발췌하여 담았을 것이다. 즉, 이 책에는 그런 한 장이 별도로 있다고 생각하는 편이 좋다.

또 나는 이 책을 일반 독자를 위해 썼지만, 전체적인 내용은 나의 연구와 해석에 기반한 것이기에 거기에 관해서는 전문가들의 질정을 청하고 싶다. 소크라테스와 직접 관련된 일들에 관해서 가능한 한 출전을 명기하려고 한 것도 사실 그 때문이다. 또 이 책은 현재까지의 소크라테스 연구는 물론이고, 널리 그리스 학계의 각종 연구에서 다양한 것을 배운 결과에 바탕을 두었다. 각종 연구 성과를 이용하는 데 있어서 나의 이해가 부족하거나 이용 방법이 잘못된 부분도 적지 않을 것이다. 학자들이 꾸짖어 바로잡아주기를 청하는 것은 그 때문이다.

또 이 책 뒷부분에 상당히 자세한 찾아보기를 붙였는데, 이 일을 위해 야마노 고지가 많은 수고를 했다. 그의 열심과 친절에 진심으로 감사의 마음을 전한다. 전작 『소피스트』도 그랬듯이 바라기는 이 책이 한 번 읽고 내던지는 책이 아니라 나중에 찾아보기를 참고하며 종종 활용될 수 있는 책이 되었으면 한다.

1956년 12월 10일
다나카 미치타로

목차

1장

무엇을 어디까지 알 수 있나

1

소크라테스는 기원전 399년 봄, 2월(안테스테리온) 혹은 3월(엘라페보리온) [1] 무렵, 라케스라는 사람이 아테네의 집정관(아르콘Archōn)일 때 아테네의 감옥에서 처형당했다. 나이는 대략 일흔 살이었다. 그는 페르시아전쟁이 아테네의 승리로 끝나고 약 10년 뒤인 기원전 470년에서 469년 사이에 태어난 것으로 추정된다. 옛 기록으로는 468년의 타르겔리온(5월경) 6일에 태어났다고 되어있다. 계산이 조금 안 맞는 이유는 나이를 세는 방법이 현재와 다소 다르기 때문이다.

---

1) 아티케력Attic calendar: 고대 아테네를 중심으로 한 지역인 고대 아티케Attica에서 사용된 헬레니즘 시대의 달력 혹은 역법.

※참고 자료

여름Θέρος

1 헤카톰바이온(Ἑκατομβαιών, Hekatombaion)		7월/8월
2 메타게이트니온(Μεταγειτνιών, Metageitnion)		8월/9월
3 보에드로미온(Βοηδρομιών, Boedromion)		9월/10월

가을Φθινόπωρον

4 피아네프시온(Πυανεψιών, Pyanepsion)		10월/11월
5 마이마크테리온(Μαιμακτηριών, Maimakterion)		11월/12월
6 포세이데온(Ποσειδεών, Poseideon)		12월/1월

겨울Χεῖμα

7 가멜리온(Γαμηλιών, Gamelion)		1월/2월
8 안테스테리온(Ἀνθεστηριών, Anthesterion)		2월/3월
9 엘라페보리온(Ἐλαφηβολιών, Elaphebolion)		3월/4월

봄Ἔαρ

10 모우니키온(Μουνιχιών, Mounichion)		4월/5월
11 타르겔리온(Θαργηλιών, Thargelion)		5월/6월
12 스키로포리온(Σκιροφοριών, Skirophorion)		6월/7월

소크라테스의 일생을 통틀어 가장 잘 알려진 것은 그의 죽음과 만년의 삶이다. 이에 반해 젊은 시절은 거의 알려지지 않았다. 그가 죽은 때의 나이는 팔로스섬에서 발견된 비문에 기록되어있고, 옛 전승도 거의 일치하는데 반해 태어난 해는 거기서부터 역산한 것이기에 셈하는 방법에 따라서 다소 다르게 나오는 것이다. 나이가 일흔이었다거나 일흔 정도였다고 하는 말은 플라톤의 증언이기에 이를 믿어도 되겠지만, 플라톤이나 소크라테스가 어떤 방법으로 자신들의 나이를 셈했는지는 분명하지 않다. 우리 역시 전후戰後에 전혀 다른 셈법을 반쯤 강요당했는데, 이러한 셈법은 서양에서도 옛날부터 확정되어 있었던 것은 아니다.

어쩌면 누군가는 나이나 태어난 해 같은 별로 중요하지 않은 것을 까다롭게 따지고 있다고 생각할지 모른다. 하지만 역사적인 사건은 모두 지나가 버린 과거에 속한다. 그런데 그것이 어떤 사실로 인정받는 까닭은 현재의 우리와 어떤 연결점이 있기 때문이다. 그러한 연결점 가운데 하나는 현재의 우리와 일정한 시간적 간격이 있다는 것을 확인할 수 있다는 사실이다. 역사적 사실이란 항상 우리로부터 일정한 시간의 척도로 잴 수 있는 곳에 그 실마리가 마련되어야 한다. '옛날, 옛날, 아주 먼 옛날에' 라고 하면 그것은 이야기일 뿐이지 역사가 아니다. 연대 결정은 역사 인식의 첫걸음이라고 할 수 있다. 우리는 연대를 토대 삼아 그 틀 안에서 다른 사실을 확인하여 보탠다. 추리 소설 혹은 탐정 소설에서 아주 짧은 시간이 대국을 결정하는 상황을 보았을 것이다. 역사에 있어서도 시간 확인은 더없이 중요하다.

2

여기서 소크라테스의 연대 결정에 어떤 중대한 이론異 論이 있다는 말을 하려는 것은 아니다. 다만 이 기본적인 사실에 대해서도 우리의 지식이 확실하지 않다는 사실에 주의하고자 함이다. 우리는 소크라테스에 대해 과연 무엇을 알고 있을까? 생년월일과 같은 비교적 단순한 사실에 대해서조차 우리는 잘 모른다. 소크라테스가 고소를 당해 아테네 법정에 서고 사형을 선고받았다는 사실, 그리고 그 형이 집행되었다는 사실, 이것들은 모두 비교적 단순한 사실이다.

문헌적 증거가 허용하는 범위 안에서 우리는 이를 거

의 확실하다고 인정하지 않으면 안 된다. 하지만 이 경우 우리가 소크라테스의 죽음을 안다는 것은 '인간은 누구나 죽을 수밖에 없으니 소크라테스도 죽었음이 분명하다'와 같은 인식은 아니다. 또 이것은 의사가 맥을 짚고 청진기를 대고 확인하는 것 같은 사실과도 다르다.

우리는 그러한 방법을 통해 직접적으로 소크라테스의 죽음을 알 수는 없다. 과거의 일은 그저 현재의 증거를 통해 추정할 뿐이다. 따라서 확실성을 극단적인 형태로 구한다면 역사적 사실은 항상 의심스러운 부분이 있다고 해야 할지도 모른다. 게다가 현재 남아있는 증거를 찾으려 해도 소크라테스는 스스로 책 한 권도 남기지 않았다. 우리는 플라톤이나 크세노폰 등을 통해 그의 언행에 대해 들을 뿐이다. 그래서 우리는 어떤 특별한 어려움에 직면한 것처럼 보인다. 이러한 어려움은 다른 역사 연구와 마찬가지라고 할 수 있다.

즉, 많은 경우 역사상 사건이란 단순한 말과 행적에서 시작되는 것일 뿐 직접적인 작품을 후세에 남기는 일은 없기에 그대로 흘러가 버리는 것이 보통이다. 다른 역사상 인물도 소크라테스 경우와 마찬가지로 그 말과 행적에 대해 전해 들을 뿐, 아무것도 직접 볼 수가 없다.

하지만 그들의 말과 행적은 단순히 물리현상으로 허무하게 지나가 버리는 것이 아니라 다른 사람들의 마음에 강렬한 인상을 남기고, 다양한 반응을 불러일으킨다. 따라서 역사상 사건이란 일방적인 말과 행적으로써 나타나는 것이 아니라 항상 다른 말과 행적이 서로 뒤엉켜 다양한 반응 가운데 합성되는 것이라고 보아야 한다. 그런 반응은 플라톤이나 크세노폰 등이 남긴 글 안에서 우리도 직접 확인할 수 있다.

따라서 이것도 하나의 직접적인 증거라고 할 수 있을 것이다. 만약 우리가 소크라테스와 직접 교제했던 사람들의 증언을 무조건 부정해버리고, 그런 만남과 동떨어진 소크라테스의 말과 행적 그 자체를 절대적으로 순수한 형태로 알기를 바란다면, 절망할 수밖에 없다. 그러한 방법으로 탐구하는 소크라테스는 더는 역사상의 소크라테스가 아니게 될 것이다.

소크라테스의 죽음은 소크라테스만의 것이 아니다. 플라톤과 크세노폰처럼 직접 그를 알았던 사람들에게는 공동의 사건이었다. 아니, 이는 세계사적인 사건으로 현대를 사는 우리에게도 잊을 수 없는 사건이다. 우리가 음악을 들을 때 순간에만 집중해 듣는다면 우리는 음을 듣는 것이지 음악을 듣는 것이 아니다. 우리 귀에는 바로 앞에서 들었던 음이 남아있고, 또 그것이 그 이전에 들었던 음과 합쳐지고, 지금 들리는 음과 이어지며, 때로는 감싸 안고, 때로는 대립해서 음악이 된다. 이처럼 현재는 과거와 분리되어 따로 있는 것이 아니라 하나로 결합되어있다. 우리의 역사 역시 이와 마찬가지로 현재의 의식 가운데 결합되어있다. 현재의 증거에 따라 과거를 추정하는 역사가의 일은 이러한 결합에 근거해 분석하는 것이라고 할 수 있다.

3

그런데 앞에서도 언급했듯이 사료史料의 제약 때문에 우리가 소크라테스에 관해 알 수 있는 것은 주로 그의 후반생에 한정되어있다. 그와 직접적인 관계를 맺었던 사람 가운데 우리에게 사료를 제공하는 주요 인물은 플라톤과 크세노폰, 아리스토파네스인데 그 가운데 크세노폰은 기원전 430년경, 플라톤은 기원전 427년경에 태어났기 때문에 소크라테스와는 마흔 살 이상 차이가 난다는 계산이 나온다. 그들이 소크라테스를 이해할 수 있게 되는 나이를 스무 살 이후로 잡는다면 그들이 잘 알 수 있는 것은 소크라테스 만년의 10년 정도다.

이를 두고 70년의 생애 가운데 얼마 안 되는 기간이라고 할 수도 있다. 하지만 이 얼마 되지 않는 기간만 알려진 소크라테스가 오늘날의 역사에 살아있는 소크라테스다. 역사에 남는 사건이 되기 위해 꼭 긴 시간이 필요한 것은 아니다. 만약 우리가 소크라테스의 전반생을 잘 알 수 있다면 그의 죽음에 이르기까지의 말과 행적을 더욱 잘 이해할 수 있을지도 모른다. 하지만 그의 죽음은 그것만으로도 하나의 사건이 되었고, 그의 전반생과는 독립된 형태로 우리에게 기억되고 있다고 평가할 수 있다. 우리가 떠올리는 소크라테스는 언제나 노인인 소크라테스이며 소년이나 아기 소크라테스는 아니듯이 말이다. 이런 의미에서 보자면 생애 관련 자료가 부족하다고 절망할 필요는 없다.

그런데 또 한 사람의 증인인 아리스토파네스는 어떨까? 그는 기원전 423년에 초연된 희극 작품 『구름 Nephelai』에서 소크라테스를 주요 인물로 등장시키고 있다. 그가 소개하는 소크라테스는 우리가 플라톤이나 크세노폰을 통해 알고 있는 보통의 소크라테스와 곧바로 연결되지 않는다. 그렇기에 아리스토파네스의 소크라테스는 만년의 소크라테스를 이해하는 데 도움이 되기는커녕 오히려 소크라테스를 이해하는 문제를 복잡하고 어렵게 만든다고도 할 수 있다. 소크라테스가 『구름』에 나오는 등장인물 그대로의 모습이라면 세계 역사의 사건이 되지 않았을 것이다.

하지만 이 작품에 등장하는 소크라테스는 마흔여섯 살 정도이기에 만년의 소크라테스와 다른 점이 있었다고 해도 크게 이상할 것은 없다고도 할 수 있다. 만약 우리가 이 작품에 묘사된 중년기의 소크라테스에 관해 사실에 가까운 것을 찾아낼 수 있다면, 플라톤이나 크세노폰에 의해 지나치게 단순하게 완결된 소크라테스상을 조금이라도 수정해 다변화할 수 있을 것이다. 그런 의미에서 우리는 소크라테스에 관해 아직도 모르는 부분이 많다고 말할 수밖에 없다.

우리는 그 외에도 후세에 전해지는 소문 가운데서도 아직 밝혀지지 않은 단편적인 이야기들을 접할 수 있다. 그런 재료는 여러 가지 상상을 하게 만들지만 확실한 길잡이가 되어주지는 못한다. 소크라테스라고 하는 높은 산은 곳곳에 안개가 끼어있어서 보였다 안 보였다 하는 부분도 있지만, 대부분은 자세히 보이지 않는다. 하지만 오늘날 멀리서 바라봤을 때의 전체적인 위용은 역시 경이롭다. 역사상의 소크라테스는 그런 존재다.

4

플루타르코스는 『알렉산드로스전』의 앞부분에서 인물 평전은 역사를 기록하는 것과는 성격이 다르므로 사소한 일까지 자세히 쓸 필요는 없다고 말했다. 그의 주장에 따르면 이는 '마치 화가가 성격이 드러나는 얼굴이나 눈매를 파악해 초상화를 그리고, 몸의 다른 부분은 크게 신경 쓰지 않는 것과 같다'라고 한다. 하지만 이것은 현대 인물 평전의 방식이 아니다. 사람들은 인물 평전에서 예술적 가치를 찾기보다는 오히려 과학적인 역사를 찾는다. 편지에서 일기까지 온갖 재료를 이용하고, 또 끊임없이 무언가 부족하다고 느낀다.

그런데 소크라테스의 경우, 처음부터 재료가 한정되어 있어서 우리의 일상적인 호기심은 금세 갈 곳을 잃고 만다. 우리는 제멋대로인 개인의 취향에 따라서가 아니라, 이미 주어져 있는 틀 안에서 소크라테스라는 인물을 그의 생애 일부분에 집중되어있는 강렬한 빛 가운데서 보지 않으면 안 된다. 굳이 플루타르코스 같은 주관성을 발동시키지 않더라도 명암이 많은 소크라테스상을 그리지 않으면 안 되는 상황이다.

우리가 현대 인물 평전에 바라는 것에 비춰본다면 불만족스럽다고 할 수밖에 없지만 여기서 일상적인 호기심을 만족시키는 일 말고 다른 것을 추구해야 한다.

또 우리가 지금부터 밝히려는 것의 특성을 이해하는 데도 어느 정도 주의가 필요하다. 플라톤은 『파이돈』에서 소크라테스가 사형 집행일에 아테네 감옥에서 처형을 기다리고 있었다는 사실을 드러내기 위해, 뼈와 근육과 관절로 이루어진 소크라테스의 신체 구조를 묘사하면서 그가 자리에 앉아있었고, 밖으로 걸어 나가지 않았다고 설명할 필요는 없다고 말했다. 왜냐하면 소크라테스가 감옥에 앉아 형刑 집행을 기다린 것은 아테네 법정이 그의 사형을 허가했기 때문이며 또 소크라테스 자신도 도망치기보다 국법에 따라 죽는 것이 옳다고 생각했기 때문이다.

만약 그렇지 않았다면 그의 뼈도 힘줄도 어딘가 다른 곳에 있었을 것이다. 다리가 없으면 우리는 어디에도 걸어서 갈 수 없지만, 우리가 어떤 곳으로 가는 까닭이 다리가 있기 때문만은 아니다. 거기에는 다른 이유가 있어야만 하고, 플라톤은 그것이 '왜 가는가' 하는 물음에 대한 진정한 이유라고 말한다.

우리는 앞에서 소크라테스의 죽음은 삼단논법이나 청진기를 통해 확증하는 죽음이 아니라고 말했다. 우리가 알고자 하는 것은 죽음이라는 단순한 사태가 아니다. 왜 소크라테스가 죽어야만 했는지, 그 이유를 알고자 하는 것이다. 물론 모든 일에는 나름의 이유가 있다. 돌이 산 위에서 굴러떨어졌다면 왜 떨어졌는지를 조사할 수 있다. 돌의 낙하는 인간의 언행과는 달리 떨어진 이유를 돌에서 찾을 수 없다. 하지만 어떤 사람이 돌을 떨어뜨렸다고 한다면 우리는 그 행위를 내면으로 즉, 우리 자신의 행위에 빗대보기도 하고 이런저런 궁리를 하며 이해하려 애쓸 것이다.

역사상의 사건은 자연현상과는 달리 내면에 들어가 이해하는 일이 허용된다. 따라서 소크라테스의 죽음도 그 생리적 경과를 밖에서 관망할 것이 아니라, 태연하게 죽음을 맞이하는 소크라테스라는 사람을 이해해야 한다. 또 그를 죽음에 이르게 한 인간적인 이유를 '그'라는 인간

안에서, 또 그의 편과 적 안에서 찾아내고, 그것을 이해하기 위해 애써야 한다. 물론 다리가 없으면 걸을 수 없기에 다리의 구조도 무시할 수는 없다. 우리는 역사적 사건을 초래한 외적 조건들을 열거해볼 수 있다. 하지만 그런 것만으로 설명한다면 밖에서 바라본 자연현상과 다를 바 없다. 이른바 '과학적인 역사'라는 것은 역사를 단순한 자연으로 환원함으로써 이를 과학적으로 인식했다고 믿는 것이 아닌지 의심스럽다. 이러한 방법으로 파악한 것은 이미 역사가 아니다.

소크라테스의 죽음을 삼단논법으로 결론 내린다 해도 그것이 곧 소크라테스의 죽음을 역사적으로 파악한 것은 아니다. 공식적 해석의 합리성은 이런 종류의 삼단논법적 합리성을 갖춘 수준 낮은 것이 아닐까 싶다. 그 전제가 되는 공식 자체에 확실성이 부족하고 역사 이해에 도움이 되기보다 오히려 방해되는 실례를 종종 목격할 수 있기 때문이다.

역사적 사건에 대해 우리는 인간으로서 다른 사람의 언행을 이해하려 하지만, 자연현상에 관해서는 이러한 이해의 길이 막혀있다. 지금껏 말했듯 이것이 역사의 특성이다. 하지만 우리는 역사에 대한 이러한 이해를 안이하게 받아들일 수는 없다. 우리는 '인간의 자기 이해'가 얼마나 어려운 일인지 경험을 통해 알고 있다.

따라서 인간의 언행을 조잡한 심리학적 개념으로 완전히 설명할 수 있다고 믿어서는 안 된다. 이러한 심리주의는 우리를 또다시 단조로운 역사주의로 이끌게 될 것이다. 소크라테스의 죽음을 이러한 방법으로 모두 이해할 수 있다고 믿어서는 안 된다. 역사 이해에 있어서 요구되는 것은 더욱 깊은 인간 이해다. 하지만 이는 헤라클레이토스가 '나 자신을 탐구했다'라고 고백하지 않을 수 없었던 것처럼 '아무리 가도 헤아릴 수 없는' 영혼의 깊이를 인식하게 되는 일인지도 모른다.

2장

생계 문제와 관련된 사실들

1

서론이 조금 길어졌지만, 다시 한번 이야기를 되돌리면 소크라테스는 기원전 399년 봄에 처형당했다. 이는 아테네 법정의 판결에 따른 일이었다. 크세노폰(Mem. IV, 8, 2)은 그의 처형과 판결 사이에 약 한 달의 간격이 있었다고 전한다. 때는 델로스섬의 아폴론 신에게 보은의 제물을 보낼 즈음이었는데, 보은을 위해 떠났던 배가 돌아올 때까지는 부정한 일을 꺼려야 했기에 사형 집행을 연기하는 관습이 있었다.

아테네 법정이 소크라테스에게 죽음을 선고한 이유는 멜레토스라는 사람이 고소했기 때문인데, 그 소송장은 상당히 오래 보존되었다고 한다. 로마 황제 하드리아누스 시대에 파보리누스라는 작가가 그 내용을 전하고 있는데, 이것이 원문과 가장 가까워 보인다. 디오게네스 라에르티오스의 『철학자전』(2, 40)에는 다음과 같은 인용구가 나온다.

피토스 구민區民 멜레토스의 아들 멜레토스가 알로페케 구민區民 소프로니스코스의 아들 소크라테스를 상대로 다음의 일을 고발하고, 이 진술에 거짓이 없음을 선서한다. 즉, 소크라테스는 국가가 인정하는 신들을 인정하지 않고, 새로운 다른 신령(다이몬)의 제사를 도입하는 죄를 범했으며, 젊은이들에게 해악을 끼쳤다. 이는 사형에 해당하는 죄다.

소크라테스는 이 소송에 의해 공법상의 죄에 대한 심문을 받게 되었는데, 멜레토스는 이 소장을 바실레우스라 불리는 장관에게 보냈다. 바실레우스는 제정일치 시대에 왕의 역할을 이어받아 공공의 종교에 관한 일도 담당하고 있었기에 종교상의 위법도 여기에 고소할 수 있었을 것이다. 이 바실레우스 관청에서는 이러한 고발을 접수하고 나서 피고인 소크라테스를 불러 그의 주장을 듣고, 이를 문서화하여 그 주장이 틀림없음을 선서하게 하였다. 이렇게 쌍방의 선서 구술서를 작성하여 일종의 예심이 끝나면 사건은 공판에 부쳐지게 된다.

아테네 법정은 배심제여서 평범한 시민 가운데 선출된 사람들이 투표를 통해 유죄와 무죄를 결정하고, 원고와 피고의 의사에 따라 형을 정하기도 했다. 소크라테스의 경우, 재판에 참여한 사람은 501명이었다고 한다. 그는 281표 대 220표로 유죄 판결을 받았고, 형에 대해 논의할 때 법정을 화나게 했으므로 361표를 받아 멜레토스가 주장한 대로 사형이 가결되었다. 이에 소크라테스의 지인들은 매우 안타까워했다. 소크라테스가 이러한 자살행위를 한 이유는 지인들에게도 수수께끼였을 것이다. 지인들은 그 실책을 만회하고자 모든 준비를 하고 소크라테스를 감옥에서 탈출시킨 뒤 외국 땅으로 망명을 보내려 했다. 하지만 소크라테스는 지인들의 권유를 거절하고, 아테네 시민의 명에 따라 독배를 마시고 차분하게 죽음을 받아들였다.

소크라테스는 어떤 마음이었을까? 우리에게는 아무래도 이해하기 어려운 면이 있다. 마찬가지로 이는 소크라테스의 지인들에게도 수수께끼였을 것이다. 아니, 이뿐 아니라 그때까지의 소크라테스 생애 자체가 수수께끼였을지도 모른다. 플라톤의 저서를 비롯해 소크라테스가 주요 인물로 등장하는 이른바 '소크라테스 문헌'에서 우리는 그 수수께끼를 풀려는 다양한 노력을 엿볼 수 있지 않을까?

하지만 이런 것들에 대해 우리는 얼마나 많은 것을 알수 있을까? 아무것도 알 수 없을 것 같기도 하다. 하지만 우리 역시 어떤 의미에서는 소크라테스 재판에 참여하고 있다고 할 수 있다. 왜냐하면 이 어려운 사건은 일종의 영원한 문제로써 해결되지 않은 많은 부분을 남겼기 때문이다. 그렇다고 한다면 우리도 고소장을 접수한 아테네 법정과 마찬가지로, 동시에 아테네 법정과는 별도로 사건의 진실을 밝히기 위해 가능한 모든 노력을 해야 한다.

아이스킬로스의 『에우메니데스(자비로운 여신들)』라는 비극 작품에서 우리는 하나의 법정극을 볼 수 있는데, 거기서 재판장 격인 아테네 여신은 피고가 어느 나라의 어느 가문에서 태어났는지부터 묻는다. 우리도 소크라테스에 관해 그런 일상적인 사실을 확인하는 것부터 시작하는 편이 좋을지도 모른다.

멜레토스 고소장에도 명기된 것처럼 소크라테스는 알로페케구 출신으로 아버지는 소프로니스코스다. 어머니 파이나레테는 산파였다. 이복형제로 파트로클레스라는 자가 있었다고 플라톤이 전하는데, 그 외의 것은 알려지지 않았다. 아내는 크산티페이며, 그 외에 뮬트라는 이름이 언급될 때가 있다. 또 아들 세 명, 람프로크레스, 소프로니스코스, 메네크세노스가 있었다고 전해진다.

먼저 출신지인 알로페케구는 아테네의 교외 동쪽에 있는데, 이곳에서 아테네 정계의 유력인사가 다수 배출되었다. 메가클레스, 아리스테이데스, 투키디데스 등을 들 수 있고 그 외에도 명문가인 알크마이오니다이 가문의 많은 사람이 이 구에 살았다고 한다. 플라톤의 『라케스』(180E)에 따르면 소크라테스의 아버지는 아리스테이데스와 친한 사이였다고 한다.

아리스테이데스는 페르시아전쟁에서 군사 지도자로 활약하고, 전후에 델로스동맹을 중심으로 하는 아테네 제국 건설에 적극적인 활동을 한 아테네 유수의 지도적 인물이다. 그런데 그 명성 때문에 한때는 위험인물 취급을 받아 해외 추방(오스트라키스모스ostracismos, 고대 그리스 시대에 시민들의 비밀투표로 위험인물을 10년간 국외로 추방한 제도—역주)을 당하기도 했다. 아테네의 집정관으로 일할 때 그는 청렴결백한 사람으로 인정받아 '정의의 사람 아리스테이데스'라는 별명을 얻기도 했다.

소크라테스의 아버지가 이런 아리스테이데스와 친한 사이였다는 것은 그 인품과 함께 가문도 상당했다는 사실을 보여준다. 소크라테스는 기원전 424년의 델리온 전투에도 중기병으로 출정했는데, 일정한 재산이 없으면 중기병이 될 수 없었기에 비록 만년에는 가난해졌지만, 소크라테스도 이 시기에는 아직 부모에게 물려받은 재산이 있었던 것으로 보인다.

그의 아버지는 석공이었다고 전해진다. 파우사니아스의 『그리스기』(제1권 제22장 제8절)에 따르면 아크로폴리스의 입구에 소크라테스 것으로 알려진 조그마한 조각 작품이 있었다고 한다. 그런데 소크라테스 부자父子가 석공이었다는 설은 비교적 후기의 설이며 플라톤이나 크세노폰은 이를 언급하지 않았기 때문에 어디까지가 진짜인지 의심하는 학자도 있다.

만약 소크라테스의 아버지가 석공이었다고 한다면 공인工人의 이야기가 화제에 올랐을 때 그가 그럴듯한 말을 할 법도 한데, 그런 말을 전혀 하지 않았다는 것이다. 이를 두고 그런 사실이 없었기 때문이라고 추정하기도 한다. 사실 플라톤의 『소크라테스의 변명』(22C 이하)이나 크세노폰의 『소크라테스 회상』(3, 10, 6)에서 소크라테스는 공인들에게 전혀 그 직종과 무관한 사람, 혹은 비전문가 입장에서 질문하고 있다. 만약 소크라테스의 가족이 그런 직업을 가졌다면 조금 이상하다고 할 수 있다.

다만 『에우튀프론』(11C)이나 『알키비아데스』(121A)에서는 플라톤이 소크라테스가 '우리의 선조 다이달로스'라는 말을 하게 하는데, 이 다이달로스는 크레테섬의 미궁(라비린토스)과 하늘을 날기 위한 인공 날개를 만든 것으로 잘 알려진 전설적인 공인이기에 소크라테스 일가는 역시 이쪽 계통에 속한 사람들이 아니었나 하는 상상도 성립할 수 있다. 하지만 다이달로스를 선조로 한다는 말이 반드시 직업을 뜻한다고는 할 수 없다. 실제로 다이달로스의 이름을 붙인 구區도 있었을 정도이니 이는 단순히 소크라테스 일가의 씨족이나 부족의 혈통 혹은 족보상의 선조를 말하는 것일지도 모른다. 따라서 다이달로스라는 이름만으로 소프로니스코스를 석공과 연결 짓는 일은 쉽지 않아 보인다.

3

소프로니스코스는 무엇을 직업으로 삼아 재산을 모았을까? 또, 소크라테스는 무엇을 하며 생계를 꾸렸을까? 만약 소크라테스 일가가 석공이었다면 이런 질문은 쉽게 해결될지도 모른다. 하지만 그것이 확실하지 않다면 우리는 소크라테스의 생계에 대해 전혀 가늠할 수 없어진다. 옛사람들은 이 부분에 관해 지금의 우리처럼 호기심이 없었는지 단서가 될 만한 이야기가 그다지 남아있지 않다. 일부에서 이야기하듯 만약 다음과 같은 내용이 사실이라면 소크라테스의 생계에 대해 큰 걱정을 하지 않아도 된다. 평균 18명의 노예가 소크라테스 한 사람을 부양했을 테니 말이다.

"아테네는 그 전성기에 여자와 아이를 포함한 자유 시민이 약 9만 명이었고, 그 외에 36만 5천 명의 남녀 노예와 4만 5천 명의 피호민被護民—외국인과 해방 노예—이 존재했다. 따라서 성인 남자 시민 한 사람당 적어도 18명의 노예와 한 명 이상의 피호민을 데리고 있었던 것이다."

하지만 이런 숫자가 과연 확실한지에 관해서는 의심해 보아야 한다. 예를 들어 성인 남자 한 사람당 18명의 노예를 데리고 있었다는 것은 성인 남자를 2만 명 남짓으로 어림잡아 계산한 것인데, 투키디데스(제2권 13장 6절 이하)가 펠로폰네소스전쟁이 시작될 때(기원전 431년) 중기병의 병력으로 들고 있는 인원만 해도 2만 5천 명은 된다.

게다가 그 외에 기사가 천 명 이상 있었고, 일반 시민으로 편성된 수병도 생각해야 한다.

투키디데스(제3권 16장 1절)는 기원전 428년 가을, 아테네 해군에 속한 배 약 80척이 해외로 나간 틈에 적군이 바다에서 항구를 강습한다는 정보를 입수하고 새로이 100척의 배를 내보냈는데, 이 배에 자신들과 체류 외국인 가운데 뜻이 있는 자들이 타서 코린토스(고린도) 해역에서 시위를 했다고 전한다. 한 척당 승조원은 보통 2백 명이기 때문에 180척에 탄 병사의 숫자는 상당했을 것으로 보인다. 학자들은 이 중에 이른바 제3계급Thetes에 속하는 보통의 자유 시민의 수가 적어도 1만 8천 명은 되었을 거라고 계산한다. 그러면 병역을 감당할 수 있는 성인 남성의 수는 4만 3천 명 정도라는 계산이 나온다. 따라서 한 명의 자유 시민에게 18명의 노예가 있었다는 말은 상당히 의심스러워진다.

또, 노예의 수가 30만이라거나 40만이라고 하는 계산에 어떤 근거가 있는지 대단히 의문스럽다. 엘레우시스에서 발견된 비문에 따르면 기원전 329년 아티키에서 수확된 농작물은 밀과 보리를 합해서 370,000메딤노이였다고 한다(1메딤노이는 약 59리터). 하지만 데모스테네스의 연설(제21논설 31절 이하)에 따르면 그들은 수입 식량에 의존하는 일이 많아서 기원전 355년에 보스볼로스 지방에서 수입한 물량만 400,000메딤노이로, 이는 타국에서의 수입 총액과 같다고 한다. 연도에 따라서 다소의 증감은 있다고 하더라도 지금 주어진 숫자를 합산해보면 한 해의 식량은 어림잡아 1,170,000메딤노이 정도가 된다. 지금 한 사람당 연간 소비량을 6메딤노이로 잡는다면 식량 전부를 소비에 할당한다고 해도 20만의 인구를 부양하기에는 부족하다. 따라서 30만, 40만의 노예를 데리고 있는 일은 불가능하다고 말할 수밖에 없다. 게다가 자유인의 인구는 앞에서 병역 인구를 4만 3천 명으로 계산했는데, 여기에 같은 수의 여성, 노약자와 병자를 더하면 거의 네 배인 17만 2천 명이 된다. 체류 외국인까지 더하면 노예의 수는 대체 얼마만큼 허용되었을까? 몰래 하는 출산이나 은밀한 노예 거래를 상정해도 아테네에는 인구 30만 명 정도가 살 수 있었을 것으로 보인다. 따라서 노예 인구는 자유인의 반, 혹은 전체 인구의 3분의 1, 혹은 4분의 1이었을 것으로 추정된다. 그렇기에 우리는 다수의 노예에게 부양받는 소크라테스를 막연하게 상상할 수가 없다.

4

만약 소크라테스의 가업이 석공이었다는 가설이나 노예제로 끼워 맞춘 공식이 탄탄했다면 우리는 소크라테스의 생계에 대해 더 간단하게 생각할 수 있었을 것이다. 하지만 모든 가설에 사실적 근거가 부족하다. 따라서 소크라테스가 무엇으로 생계를 꾸렸는가는 명확하게 알 수가 없다. 물론 소크라테스 자신은 적어도 그 만년에는 "돈을 모으거나 가사 일을 하거나 혹은 군대를 지휘하거나 민중을 설득하는 활동을 하거나 그 외에도 관직에 오르거나 또 무리를 만들어 소동을 일으키는 등 지금의 국가 사회에서 행해지는 일에는 관심을 가지지 않았다"(『소크라테스의 변명』 36B)라고 전해진다.

그렇기에 세상 사람들과는 다른 방법으로 살았을 것으로 추측된다. 그리고 그것은 그를 '가난'하게(『소크라테스의 변명』 31C, 36D) 만들었다. 그런데 그에게는 가족이 있었고, 그 가족은 어떻게 생활했을까 하는 의문이 남는다. 『크리톤』의 마지막(54A) 부분에 소크라테스가 자신이 죽으면 남겨진 가족들이 어떻게 될지 가볍게 언급하는데, 소크라테스는 그다지 염려하지 않는 것처럼 보인다. 어쩌면 돈벌이에 신경을 쓰지 않는 소크라테스의 생사는 가족의 생계에는 별다른 영향을 주지 않았을지도 모른다. 자신이 죽으면 지인 가운데 누군가가 돌봐줄 거라고 가볍게 생각한 것 같다.

소크라테스의 생계는 상당한 재산이 있었을 것으로 보이는 아버지의 유산과 지인들의 조력으로 어떻게든 유지되고 있었는지도 모른다. 또, 과거 그리스인의 생활 수준은 그다지 높지 않았고, 따뜻한 기후는 무사태평한 간이 생활을 허용했을 것이다. 견유학파(소크라테스의 제자인 안티스테네스를 시조로 하는 고대 그리스 철학의 한 학파. 행복은 외적인 조건에 좌우되는 것이 아니라고 보았으며, 본성에 따라 자연스럽게 생활을 영위하는 것을 이상으로 삼았다—역주) 철학자들의 비렁뱅이 생활도 남쪽 나라에서는 비교적 쉬웠을 것으로 보이는데, 이 견유학파도 소크라테스 문하에서 나왔다.

그런데 소크라테스에게는 재판에서 대신 벌금을 지불하겠다고 나섰을 뿐 아니라 나중에는 그의 탈옥을 계획하기 위해 상당한 금전적인 부담을 떠안기를 주저하지 않았던 친구들이 있었다. 그 가운데서도 소크라테스와 같은 구 출신인 '크리톤'의 이름은 누구나 떠올릴 것이다. 크리톤은 상당한 부자였는데 크세노폰의 『소크라테스 회상』(2, 9)에는 그가 소크라테스를 대신해 돈을 낼 것이라고 예상해 그에게 일부러 소송을 거는 자들이 종종 있었다는 이야기가 나온다. 플라톤도 『에우튀데모스』(304C)에서 크리톤은 소피스트의 귀한 손님이라고 이야기했다. 그는 마지막 날까지 소크라테스를 보살폈다. 울고 있는 소크라테스의 아내를 데려간 것도 크리톤의 하인이었다. 아마도 소크라테스에게는 하인인 노예가 없어서 이런 일 역시 크리톤의 노예가 대신했을 것이다. 따라서 크리톤이 모든 일을 해결해주었다는 옛사람들의 이야기에도 진실이 포함되어있을지 모른다. 다만 소크라테스가 크리톤 한 사람에게 완전히 의존하고 있었는지는 알 수 없다.

우리는 아테네인의 생활을 너무 좁게 생각해서는 안 된다. 아리스토텔레스의 『아테네의 헌법』(24, 3)에 따르면 아테네에는 세금과 기타 국비로 생활하는 이가 2만 명 이상이나 있었다고 한다. 앞에서 언급한 아테네의 성인 남성 인구 4만 5천 명 가운데 이는 상당히 큰 비중이다.

아리스토파네스의 『구름』(316, 331)에는 일을 하지 않고 잔머리를 굴려 살아가는 자들에 관한 이야기가 많이 나오는데, 주로 점쟁이와 의사가 공격의 대상이 되고 있다. 소피스트(직업적 교육자) 역시 이 부류에 속할 것이다. 플라톤은 생활 문화의 향상과 함께 각종 사치가 나타나고 다양한 직업이 생기는 것을 보여주기 위해 조각가, 화가, 문학자, 낭독가, 배우, 선전가, 무대 장치 제작자, 미용사, 요리사 등을 예로 들고 있다. 이처럼 고대 그리스에서도 사람들의 생활 양상은 각양각색이었다. 소크라테스는 자신의 진짜 일을 직업화하는 것을 완강하게 거부했기 때문에 이런 점에서 소피스트와는 근본적으로 달랐다. 하지만 친구들의 호의를 받아들이기는 했을 것이다. 그의 문하에 있던 아리스티푸스가 어떤 이에게 금전을 받은 일로 인해 소크라테스 제자로서 있을 수 없는 일이라는 비난을 받았을 때 다음과 같이 대답했다고 전해진다.

소크라테스도 보리나 술을 선물하는 사람이 있으면 그 가운데 소량은 받았다. 나머지 대부분은 다시 돌려줬지만 말이다. 소크라테스는 아테네 제일의 사람들을 조달자로 두었기에 그걸로 충분하지만, 나는 나를 먹여 살려 줄 사람이라고는 스스로 돈을 내고 산 해방된 자유인밖에 없다(Diog. Laert. II, 74).

이런 이야기는 상당히 후세의 것이기 때문에 어디까지 사실인지는 알 수 없지만, 그가 하는 말에 별다른 위화감은 느껴지지 않는다. 예부터 예술가나 학자, 사상가, 종교가, 구도자의 생활은 모두 비슷한 면이 있었기 때문이다. 그들은 독보적인 비렁뱅이가 되거나 공적으로나 사적으로 다른 사람에게 밥을 얻어먹고 지내는데, 그것은 운명 같은 것이다. 이런 생활을 하면서 상당한 부를 축적하고 사치를 하며 살 수도 있다. 하지만 소크라테스는 그런 장사꾼 무리에는 들어가지 않았다. 그는 엄격하게 자기 일을 추구하고 이를 돈벌이 수단으로 삼지 않았기에 아리스티푸스가 말하는 아테네 제일의 인사를 친구로 두고도 빈곤한 가운데 죽어야만 했다. 아리스티푸스는 자신이 번 20무나의 거금을 소크라테스에게 보냈다가 거절당하고, 또 어떤 사람은 노예를 선물하려고 했지만 거절당했다는 이야기도 있다.

아무래도 우리는 소크라테스 생계에 대해 잘못된 방향으로 지나친 흥미를 보였던 것 같다. 오늘날 우리는 생계를 굉장히 중요하게 여기고, 보통의 생활 수준만 유지하려 해도 악착같이 일하지 않으면 안 된다. 하지만 과거의 그리스인은 이와 같은 생활 태도를 오히려 이상하게 생각할지도 모른다. 호화로운 생활을 어떻게든 유지하려고 매일 바쁘게 일하기보다는 오히려 생활 수준을 낮추

더라도 한가로운 시간(스콜레scholē)을 더 많이 가지려 할 테니 말이다.

5

이와 비슷한 호기심 때문에 우리의 시선은 소크라테스의 전설적인 악처惡妻에게 향한다. 디오게네스 라에르티오스는 소크라테스 아내에 관한 몇 가지 이야기를 전한다. 소크라테스 아내 크산티페가 소리를 지르며 잔소리를 하고 있는데, 소크라테스가 친구 알키비아데스와 이야기를 나누자 더욱 화가 난 크산티페가 소크라테스에게 물을 끼얹었다. 소크라테스는 "여보게, 친구! 너무 놀라지 말게. 크산티페가 우르릉 쾅쾅하였으니 비가 내릴 만도 하지"라고 말했다. 알키비아데스가 "크산티페의 잔소리는 도저히 못 참겠네!"라고 하자 "나는 이제 익숙하다네. 계속해서 도르래의 드르륵거리는 소리를 듣는 것이나 다름없다네. 자네도 거위의 꽥꽥거리는 소리를 참고 듣지 않는가?"라고 대답했다는 이야기도 있다.

또 시장에서 크산티페에게 윗도리를 빼앗긴 소크라테스를 보고 지인들이 가만히 있지 말고 맞서라고 말하자 사람들 앞에서 부부 싸움을 공개할 수는 없다고 한 이야기도 전해져 내려온다.

하지만 이런 짤막한 에피소드 가운데 진짜가 얼마나 되는지는 알 수 없다. 이런 이야기들은 후세 사람들이 만든 것에 불과할지도 모른다. 만약 크산티페가 그 시대에 악처로 정평이 난 사람이었다면 동시대의 희극작가가 이를 놓칠 리가 없다. 그런데 일종의 소크라테스 연극인 『구름』에서 아리스토파네스는 크산티페에 대해서 한마디 언급도 하지 않았다. 우리가 크산티페의 실제 모습을 볼 수 있는 것은 플라톤의 『파이돈』에서인데, 여기 등장하는 크산티페는 악처가 아니다. 이 책에서는 소크라테스의 마지막 날에 그의 친구들이 이른 아침부터 면회갔던 상황을 다음과 같이 기술하고 있다.

안으로 들어가니 이제 막 포박에서 풀려난 소크라테스와 크산티페—물론 당신은 알 겁니다—가 아이를 안고 옆에 앉아 있는 모습이 눈에 들어왔다. 크산티페는 우리를 보자마자 슬픈 목소리로, 이럴 때 여자들이 할 법한 말을 했다.

"소크라테스, 당신이 친한 친구들과 이렇게 대화를 나

눌 수 있는 것도 이걸로 마지막이네요."

그러자 소크라테스는 크리톤을 바라보고 "크리톤, 누구라도 좋으니 이 사람을 집에 데려다줬으면 하네"라고 말했다. 그리고 가슴을 치며 울부짖는 그 여인을 크리톤의 하인이 데리고 나갔다.

우리가 여기서 보는 것은 이런 상황을 맞닥뜨린 평범한 여성의 모습이지 소크라테스에게 물을 끼얹거나 옷이 벗겨질 정도로 잡아당기는 사나운 야생마 같은 크산티페가 아니다. 또한 아내를 돌봐달라고 부탁하는 소크라테스의 모습에서 우리는 그가 한 가정의 가장으로서 지위가 있었음을 보게 된다.

6

그렇다면 어디에서 악처 크산티페와 이에 시달리는 소크라테스의 최초의 모습을 발견할 수 있을까? 크세노폰의 『향연』(2, 10)을 보면 아내가 있는 사람은 아내가 알았으면 좋겠다 싶은 것이 있으면 가르칠 수 있다는 소크라테스의 말에 대해 안티스테네스가 다음과 같이 반론하는 부분이 나온다.

"소크라테스 선생님은 그렇게 잘 아시면서 왜 스스로 크산티페 사모님을 가르치지 않습니까? 선생님은 어째서 세상에 존재하거나 존재했거나 존재할 모든 여인 중에서 가장 함께하기 어려운 아내와 살면서 가르치지 않고 그대로 놔두십니까?"

이는 동시대인인 크세노폰의 증언이기에 이제 우리는 크산티페 악처설을 완전히 근거 없는 이야기라고 치부할 수 없게 된다. 또, 크세노폰의 『소크라테스 회상』(2, 2)에도 아들인 람프로크레스가 어머니에 대해 불만을 토로하는 장면이 나온다.

람프로크레스가 "아무리 은혜를 입었다 해도, 저렇게 까다로운 성질을 누가 참겠습니까?"라고 하자 소크라테스는 이렇게 묻는다.

"그렇다면 야수가 잔혹한 것과 어머니가 잔혹한 것 가운데 어느 쪽이 견디기 어렵겠느냐?" 그러자 람프로크레스는 "저라면 어머니라고 말하겠습니다. 저런 사람이 어머니라면요"라고 대답했다. 물론 우리는 이러한 문답이 실제로 이루어졌는지 아닌지는 알 수 없다. 어쩌면 크세노폰은 여기서 부모의 은혜에 대한 교훈을 전달하기 위해 소크라테스의 입을 빌려서 이 문답을 만들었을지도 모른다. 하지만 이것을 하필이면 소크라테스 부자 사이의 문답으로 설정한 데는 어떤 근거가 있었을 수도 있다. 즉, 크산티페의 성격 가운데는 앞에서 안티스테네스가 극단적으로 말한 것처럼 도저히 감당할 수 없을 만큼 격렬하고 다루기 어려운 성질이 있었을지도 모른다는 말이다. 가끔 폭발하는 격한 감정이 앞선 이야기에서도 알키비아데스의 빈축을 산 입정 사나움으로 표현되었을 수도 있다. 여기서도 람프로크레스가 자신의 어머니에 대해 '인생의 모든 것을 거는 한이 있더라도 결코 듣고 싶지 않을 법한 말을 한다'라며 투덜대고 있다.

우리가 크산티페 전설을 통해서 보는 것은 과격한 천성을 지닌 야성적인 여자다. 그런 감정적인 부분만 있었다면 플라톤의 『파이돈』에서도 이를 인정했을 것이다. 그렇지 않은 것을 보면 크산티페는 사실 그렇게 되먹지 못한 악처는 아니었을지도 모른다. 크산티페로서는 이해할 수 없는 일에 열중한 소크라테스가 집안일이라고는 조금도 돌보지 않은 탓에 심각하게 가난해졌다면 그녀 같은 격한 천성에서 이른바 '악처'가 탄생해도 별반 이상할 것은 없다. 전설대로 크산티페는 감정이 뚜렷하게 드러나고 때로는 밖으로 폭발했는지도 모른다. 이는 자연히 다른 사람들 눈에 띄기 쉬웠을 것이다. 그것이 희극작가의 주의를 끌지 않았던 이유는 시기적으로 그것이 만년에 빈곤하게 생활할 때의 일로『구름』이 상연되었을 무렵에는 아직 그런 사실이 분명하지 않았기 때문이라고도 설명할 수 있다. 나중에 다시 살펴보겠지만 소크라테스는 당시에는 아직 크산티페와 결혼하지 않았을지도 모른다.

7

그렇다면 이 평범한 여성에게서 왜 그런 악처 전설이 생겨났을까? 아마도 소크라테스가 영웅전설의 주인공으로 미화되고 점차 다양하고 큰 도량을 더해가면서 일종의 그림자로서 나타났을 것이다. 플루타르코스의『마음의 평정에 관하여』(De cohibenda ira 461 D)에 다음과 같은 이야기가 나온다.

소크라테스가 씨름판에서 에우튀데모스를 데리고 돌

아오자 화가 난 크산티페는 온갖 잔소리를 퍼붓다가 식탁을 뒤집어엎고 말았다. 에우튀데모스도 기분이 언짢아져 자리를 박차고 일어나 나가려 하자 소크라테스가 그를 잡으며 이렇게 말했다.

"자네 집에도 어제 새가 날아들어 이와 비슷한 일이 벌어졌지만, 우리는 특별히 화를 내지 않았네."

이런 소소한 일화에 나오는 소크라테스는 크산티페가 무슨 짓을 하든 태연하고 전혀 화를 내는 기색이 없다. 그야말로 플루타르코스가 말하는 '화내지 않음'의 표본과도 같다. 이때 크산티페는 새나 거위나 야수에 비유된다. 그런 것들을 상대로 진심으로 화를 내도 아무 소용이 없을 것이다. 이러한 전설은 소크라테스를 비범한 사람으로 만들기 위해 크산티페를 인간 이하의 무지하고 광폭한 여자로 만들 수밖에 없었다. 그런데 이는 크산티페에게만 한정된 것이 아니다. 디오게네스 라에르티오스(2, 21)에는 이런 이야기가 나온다. 소크라테스와 토론을 하면 막다른 골목에 몰리기 때문에 화가 난 상대방이 소크라테스를 때리거나 머리카락을 쥐어뜯는 일도 있었다. 조롱을 당하거나 비웃음을 당하는 일이 많았다. 하지만 그는 이 모든 일을 참을성 있게 견뎠다. 그러던 어느 날 발로 걷어차이고도 가만히 있는 걸 보고 질린 표정을 한 상대에게 그는 이렇게 말했다.

"당나귀에게 걷어차였다고 해서 소송을 걸겠는가."

다른 이야기에서는 이를 들은 상대방이 깊은 수치심을 느낀 나머지 자살을 했다고 전해진다. 우리가 여기서 보게 되는 소크라테스는 태연하고 어떤 일에도 마음이 움직이지 않는 견유학파의 이상적 인물이라고 할 수 있다. 크세노폰의 『향연』에서는 마침 이 학파의 창립자라고도 할 수 있는 안티스테네스가 크산티페 같은 여자를 아내로 두고 태연한 소크라테스에게 그 이유를 묻자, 소크라테스는 이렇게 답한다.

"말을 잘 다루고자 하는 사람은 얌전한 말보다 오히려 기가 센 말을 구한다네. 그런 말을 제어할 수 있으면 다른 말을 제어하는 일은 아주 쉬워진다고 믿기 때문일세. 나도 사람들과 잘 사귀고 교제하고 싶어 그런 아내를 구한 거라네. 내가 이 여자를 참고 견딘다면 나머지 모든 사람과도 힘들이지 않고 사귀리라고 확신하기 때문이지."

실제로 소크라테스가 이런 이유로 크산티페와 결혼했는지는 적잖이 의문스럽지만, 소크라테스를 이해하기 위해 나중에 다른 사람들이 덧붙인 이유라고 한다면 이 에피소드의 의미 역시 이해할 수 있게 된다. 견유학파의 사상에 따르면 빈곤이나 악명, 병은 좋은 사람이 되기 위해 필요한 것들인데, 악처 역시 인생 수행을 하기 위한 좋은 도구였을지도 모른다. 견유학파의 이상적인 인물인 소크라테스는 덕德 외의 다른 어떤 것도 구하지 않았고, 모든 악조건 속에서 태연하게 이를 견뎠으며, 죽음의 공포도 쾌락의 유혹도 그의 마음을 움직일 수 없었다. 그에게 '악처'는 추위와 더위, 곤고함과 결핍처럼 거뜬히 견뎌내야만 하는 악조건 가운데 하나에 불과했다. 한겨울에도 맨발로 다녔다는 소크라테스와 마찬가지로, 크산티페에게 욕을 먹고, 물벼락을 맞고도 태연한 소크라테스가 그들의 영웅이었던 셈이다. 이 악처 전설은 아마 이런 소크라테스관에서 크산티페의 성격을 한쪽으로만 과장하고 확대해서 만들어낸 것이 아니었을까?

또 이런 전설의 배경에는 판도라 전설에서 엿볼 수 있듯이 여인을 재난이나 우환덩어리로 여기는 생각이 있다는 사실도 간과해서는 안 된다. 왜냐하면 소크라테스를 부동심不動心의 영웅으로 보는 사람들도 이런 생각이 매개되지 않으면 현실의 크산티페 가운데 악처 전설의 재료를 찾아내지 못했을지도 모르기 때문이다([그리스의 풍자시인-역주] 히포낙스는 여성을 돼지나 개, 그 외의 다양한 동물의 화신이라고 말했고, 세모니데스는 '여자는 모든 것에 해가 된다'고 노래했다. 소크라테스는 그 가운데서도 가장 상대하기 어려운 여자와 살았던 것이다. 하지만 열다섯의 어린 나이에 서른이 넘은 남자와 결혼해, 곧바로 남의 집 난롯가에 앉아 물레를 돌리며 집안일을 하는 것 외에는 달리 관여할 일이 없었던 한 여인의 삶을 생각하면, 크산티페에게 악명을 씌움으로 소크라테스의 영웅상을 만드는 방식은 조금 잔혹해 보인다. 소크라테스의 위대함은 그런 희생을 필요로 하지 않는다. 고대의 결혼은 연애를 조건으로 하지 않았고, 그저 집안을 위해 자손을 남기는 것이 목적이었다. 시끄러운 거위도 알을 낳듯이 크산티페도 소크라테스를 위해 아이를 낳았기에 그걸로 아내의 본분은 다한 건지도 모른다. 앞에서 인용한 알키비아데스와의 문답에는 그런 내용이 나온다).

8

여기서 소크라테스의 결혼에 관해 회자되고 있는 또 다른 설도 간단히 살펴보자. 디오게네스 라에르티오스(2, 26)는 소크라테스가 두 번의 결혼을 했다고 하는 아리스토텔레스의 가설을 소개하고 있다. 이에 따르면 크산티페는 첫 번째 아내로 람프로크레스의 엄마가 되었는데, 다음으로 뮬트라고 하는 아리스테이데스의 딸이 소크라테스 아내가 되어 소프로니스코스와 메네크세노스를 낳았다고 한다.

뮬트와의 결혼에 관해서는 '정의의 사람' 아리스테이데스가 정의를 지킨 탓에 만년에는 재산을 잃고 심각한 빈곤에 시달리다가 딸을 남기고 죽어서 소크라테스가 이를 거두어들여 결혼했다는 이야기도 있다. 소크라테스는 인간의 고귀함은 부나 가문이 아니라 부모의 인품에서 온다고 생각했다고 한다. 이는 이대로 하나의 미담이라고 할 수 있다. 하지만 우리는 소크라테스의 임종 자리에 아기를 안고 나타난 여인이 크산티페라는 사실을 플라톤의『파이돈』에서 이미 보았기에, 뮬트를 후처로 삼았다는 설에는 동의하기 어렵다.

아리스테이데스는 소크라테스 아버지의 지인이었기 때문에 그의 딸은 나이로 봤을 때 소크라테스와 비슷했다. 하지만 예순 살이나 일흔 살의 노파가 아기 엄마가 되는 일은 거의 불가능하다. 게다가 아리스테이데스가 빈곤한 가운데 죽은 것은 기원전 468년 무렵인데, 이는 소크라테스가 막 태어났을 무렵이다. 그러면 그때 남겨진 딸은 소크라테스와 동갑이거나 연상이며, 경우에 따라서는 한창 꽃다운 나이였을지도 모른다. 소크라테스가 뮐트와 결혼하려면 관례에 따라 30년 이상 기다려야 하는데, 당시 여자는 열다섯이면 결혼할 수 있었다. 그리스에서는 아이를 버리는 풍습이 있어서 일가의 가장은 여자아이를 거의 부양하지 않았고, 여성 인구는 넘치는 일이 없었기에 이른바 결혼란 같은 것은 존재하지 않았다. 따라서 아무리 가난한 아리스테이데스의 아이라도 나이를 먹을 때까지 소크라테스와의 결혼을 기다리는 일은 없었을 것이다. 하물며 소크라테스보다 나이가 많았을지도 모르는 사람이 그런 일을 할 리는 없다.

따라서 디오게네스 라에르티오스가 주목하고 있는 또 하나의 가설 즉, 뮐트가 첫 번째 부인이고 크산티페가 두 번째 부인이라는 가설도 다른 점에서는 앞선 가설보다 신빙성이 있지만, 뮐트가 468년에 죽은 아리스테이데스의 딸인 이상 나이로 봤을 때 곤란하다[1]고 말할 수밖에 없

---

1) 아테나이오스(13, 555D)는 이 곤란한 문제를 풀기 위해 여기서 말하는 아리스테이데스는 '정의의 사람' 아리스테이데스가 아니라 그 손자일 거라고 말한다. 이는 소크라테스와 뮐트의 결혼이 사실이라고 전제하고, 거기서부터 역으로 추정하여 도망칠 구멍을 판 것이다. 플루타르코스의 『아리스테이데스』(27)에도 이와 비슷한 다른 가설이 소개되어있다. 하지만 우리는 이 부분에 대한 플루타르코스나 파나이티오스의 전제 자체에 의문을 품어야만 한다.

다. 이 이야기에 어떤 사실적 근거가 있다고 한다면 나이를 먹고 과부가 된 뮬트를 아버지 세대부터 친교가 있던 소크라테스가 보살펴준 것인지도 모르겠다. 이를 후대의 이야기꾼이 묘한 이야기로 바꾸었을 가능성도 있다.

이와 같은 이야기는 소크라테스의 이중 결혼설에서 그 절정에 달한다. 아리스토크세누스(Wehrli, fr. 54a)가 전하는 이야기에 따르면 소크라테스는 동시에 아내 둘을 데리고 살았다고 한다. 한 사람은 창부인 크산티페였다. 또 한 사람은 아리스테이데스의 딸 뮬트로 이쪽은 정식으로 혼인한 사이였으며 이 둘 사이에서 람프로크레스가 태어났고, 크산티페와의 관계에서 소프로니스코스와 메네크세노스가 태어났다는 것이다. 이는 지금까지 알아본 소크라테스의 결혼에 관한 두 가지 설을 하나로 정리해서 지어낸 이야기일 뿐, 진지하게 상대할 가치가 없다.[2] 그런데 후세 사람들은 친절하게도 그 이유까지 설명했다. 이는 아테네가 인구 정책으로 남성에게 아테네 여성 시

---

2) 『파이돈』(116B)에 소크라테스와 마지막 인사를 하러 온 '가까운 여자들'이 두 아내 전설을 입증하는 것처럼 사용될 때가 있다. 하지만 과거의 가족제도로 봤을 때, 이 여자들은 친척으로 생각하는 것이 오히려 자연스럽다. 플라톤의 제13서간(361C 이하)을 보면 소크라테스의 어머니를 비롯해 조카딸들까지 플라톤 집에서 부양한다. 가난한 소크라테스를 그렇게까지 배려하는 것은 문제일지 모르지만, 소크라테스의 임종에 친척 여자들이 나타나는 것은 당연한 일이었다고 보아야 한다. 고대 그리스의 가족관계를 떠올리려면 우리나라의 옛 가족관계를 생각해보면 된다.

민과 결혼하는 정식 결혼 외에 다른 여자와도 아이를 가지기를 독려했기에 소크라테스도 이를 따랐다고 하는데, 당연히 말도 안 되는 이야기다.

그런데 아리스토크세누스는 또 한 가지 어처구니없기도 하고 그럴싸하기도 한 이유를 소개한다. 이에 따르면 소크라테스가 다른 부분에 있어서는 그다지 욕망이 크지 않았는데 성욕만은 강했다고 한다. 하지만 그로 인해 불의를 범하지는 않았으며 오로지 결혼과 창부에 의해 성욕을 채우고 있었다는 것이다. 그 사례로 뮐트와 크산티페의 이름을 들고 있다. 이 설명 역시 두 여자의 존재를 그대로 전제하고 있다는 점에서 연대적으로 나중에 만들어진 설명임이 분명하다. 게다가 두 여자와의 관계를 동시적인 것으로 보고, 이를 강한 성욕으로 설명하는 것은 언뜻 보기에 그럴듯해 보이지만 사실 그다지 현명하지 못한 방법이다. 물론 성욕이 이상하리만치 강한 소크라테스가 뮐트와 크산티페 두 사람으로 만족하고 그 외의 나쁜 짓을 하지 않았다는 것도 유쾌한 이야기이기는 하다. 그렇다면 강한 성욕이란 도대체 무엇일까? 이는 두 아내 전설을 보고 역산한 어설픈 추정에 지나지 않는다. 게다가 그 두 아내 전설 자체도 터무니없는 지어낸 이야기에 불과하다.

그런데 소크라테스는 매우 건강한 사람이었던 것 같다. 고대 그리스 사회에서는 병약하면 생존하지 못했다. 플라톤의 『소크라테스의 변명』(34D)이나 『파이돈』(116B)에 따르면 그에게는 아들 세 명이 있었는데, 그중 한 명은 이미 청년이었지만 다른 두 사람은 아직 어려서 어머니에게 안겨 아버지 사형장에 나타났다고 언급한 바 있다. 일흔 살의 소크라테스는 여전히 활력이 있었다고 추측해 볼 수 있다. 크산티페와의 나이 차는 상당히 컸을 것으로 보인다. 앞에서 당시 그리스 부부의 나이 차가 평균 열다섯 살이라고 보았는데, 소크라테스의 경우에는 스물다섯에서 서른다섯 살 정도 차이를 생각해도 좋을지 모른다. 그리스인 사회에서는 삼촌과 조카의 결혼이 이례적인 일이 아니었기 때문에 부부 사이에 아버지와 딸 정도의 나이 차가 있어도 특별히 이상하지는 않았을 것이다.

큰아들의 이름이 람프로크레스였을 거라는 사실은 앞에서 소개한 크세노폰의 『소크라테스 회상』(2. 2)의 인용에서도 쉽게 알 수 있다. 이 청년이 큰아들이라고 한다면 소크라테스의 결혼은 쉰 살 전후가 된다. 이때 크산티페의 나이를 열다섯에서 스무 살 사이에 두면 그녀가 소크라테스와 사별하는 것은 서른다섯 살에서 마흔 살 사이다. 큰아들과 다른 아이들—소프로니스코스와 메네크세노스—의 나이가 지나치게 차이 나는 감이 있기는 하지만, 이 또한 이례적이라고 하기는 어렵다.

그런데 이는 소크라테스 재혼설에 따르는 편이 더 쉽게 설명될지도 모른다. 그러면 크산티페가 람프로크레스의 계모가 된다. 하지만 앞에서 인용한 람프로크레스와 소크라테스의 '어머니의 은혜에 관한 문답'을 보면 계모라고 생각하기는 어렵다. 왜냐하면 소크라테스는 람프로크레스에게 어머니가 아이를 잉태해 그 무거운 짐을 지고 걸으며 어려움을 겪고, 또 생명의 위험을 무릅쓰기도 한다는 점과 자신의 먹을 것을 나눠주고, 엄청난 고통을 견뎌내며 아이를 낳는 것을 비롯한 어머니의 노고를 설명하고 있기 때문이다. 만약 크산티페가 그를 낳은 어머니가 아니라면 이런 말들은 합당치 않았을 것이다.

하지만 이것들에 관해서는 또 다른 해석의 여지가 있을 수 있다. [3] 고대 그리스의 가족제도를 보면 독신 남성이 오히려 부도덕하게 여겨졌을 것이다. 소크라테스

---

3) 플라톤의 작품에 비하면 밀도가 거칠고 대화 내용과 대화하는 인물 간의 관계가 상당히 느슨해서 람프로크레스가 누구의 아들인지 확실하지는 않지만, 일반적으로 그렇게 받아들여지고 있다고 이해할 수 있다.

가 쉰 살 전후까지 독신으로 있었던 것은 어떤 의미에서
는 오히려 이례적이었다고 할 수 있다. 또한 소크라테스
가 감히 이런 이례적인 일을 하게 한 것은 아마도 다이몬
의 금지 때문이었을 것이다. 당시 결혼은 성욕의 충족이
나 연애의 결말이 아니라 자손을 남기고 가계를 유지하
기 위한 것이었다. 남녀의 재혼 역시 흔히 있는 일이었
다. 플라톤의『에우튀데모스』(297E)에 따르면 소크라테스
형제도 어머니의 재혼으로 얻은 이복형제였다. 따라서
우리는 절대적으로 소크라테스의 재혼을 부정할 수는 없
다. 크산티페 역시 어쩌면 재혼자였을지도 모른다. 하지
만 우리는 이러한 사실은 확인할 수도 없고, 자세한 이야
기도 알 수 없다. 악처 전설과 마찬가지로 소크라테스 결
혼에 관한 여러 가지 설은 평범한 사실을 기묘하게 꼬아
만들어낸 가상의 이야기였을지도 모른다.

3장

계몽사상의 흐름으로

1

　지금까지 소크라테스 생계와 가족관계를 알아보았다. 하지만 그 속에서 소크라테스의 죽음을 둘러싼 역사적 사건의 단서를 찾았다고는 할 수 없다. 모든 역사적 사건을 경제와 성욕의 문제로 보려고 할 때, 소크라테스 사건은 해석이 거의 불가능해질지도 모른다. 그래도 역사상 진짜 사건은 항상 인간이 그것들 위로 한 발짝 나간 곳에서부터 시작되는 게 아닐까? 소크라테스 경우도 '먹구름을 밟고, 생각을 태양 주위로 보낸다'라는 말처럼 사람들이 그를 비현실적인 사변가로 여기면서 사건이 시작되었다고 할 수 있다. 플라톤은 『소크라테스의 변명』(18A 이하)에서 소크라테스의 입을 빌려 다음과 같은 뜻의 말을 했다.

　소크라테스를 고발한 사람은 멜레토스가 처음이 아니었고, 더 옛날부터 다수의 사람이 소크라테스에 대해 거짓 증언을 하고 다녔다는 것이다. 그들은 아테네 시민 대다수를 어려서부터 손아귀에 놓고 구슬리며 '소크라테스라는 자가 있는데 위로 하늘에 있는 것과 아래로 땅 아래에 있는 것을 탐구하고, 궤변을 정설로 둔갑시키는 묘한 지혜를 가진 자'라는 거짓 이야기를 들려주었다.

　그런데 '한 사람의 희극작가가 있다는 사실을 제외하

고는' 그들의 이름조차 알 수 없다. 그들은 남의 말을 가장 잘 믿을 나이부터 시작해 오랜 시간에 걸쳐 소크라테스에 관한 소문을 퍼뜨렸는데, 소크라테스는 마치 궐석재판에 회부된 것처럼 변명도 반대 심문도 할 수 없었다.

우리는 기원전 423년 봄에 초연된 아리스토파네스의 희극『구름』에서 이와 같은 소크라테스의 모습을 볼 수 있다. 이는『소크라테스의 변명』에서도 알려졌듯이 아리스토파네스 혼자 만들어낸 이야기가 아니었을 것이다. 아리스토파네스는 일반적인 소문을 토대로 이 기묘한 소크라테스를 그의 희극 작품 가운데 등장시켰다. 우리는 거기에 등장하는 소크라테스를 조금 더 자세히 살펴보아야 하는데, 그전에 우선『구름』의 대강의 줄거리를 살펴보자.

이 희극의 주인공은 시골 출신의 시민 스트레프시아데스인데, 그와 비현실적인 사색가 소크라테스의 접점이 이 극의 웃음의 원천이다. 그는 도시의 사치스러운 여성과 결혼한 배운 것 없는 시골 사람으로 펠로폰네소스전쟁 때문에 시골 땅이 황폐해진 데다가 아들이 귀족들의 취미인 경마에 빠져서 진 빚의 이자 때문에 생활이 어려울 정도로 곤경에 처해있었다. 그래서 뜬눈으로 밤을 지새우며 온갖 궁리를 한 끝에 소크라테스 학교를 떠올리고, 아들을 그 학교에 보내 채권자를 법정에서 설복시킬 방법을 가르치기로 했다. 그곳에 가면 잘못이 있든 없든 토론에서 이기는 방법을 배울 수 있다고 들었기 때문이다. 하지만 그의 아들은 소크라테스 문하의 창백한 녀석들 무리에 끼는 것이 수치스럽다며 아버지 말을 듣지 않았기에 스트레프시아데스는 급한 대로 자기가 먼저 소크라테스 학교에 가보기로 했다. 거기서 소크라테스 학교 내부를 사람들과 함께 구경하고 다니며 여러 가지에 놀라는데, 입학시험에는 떨어지고 만다. 그래서 어쩔 수 없이 다시 한번 아들을 설득해 억지로 소크라테스 학교에 입학시킨다. 그런데 그 결과는 그의 예상과는 달랐다.

그의 아들이 소크라테스 학교에서 배워온 것은 아버지인 자신을 때리고 자기 입장을 교묘하게 변호하는 논리였던 것이다. 화가 난 아버지는 모든 책임을 학교에 전가하고, 어떻게 되는지 지켜보았다.

교육적인 면에서 보면 소크라테스 학교는 신新 교육을 대표하는 곳으로 페르시아전쟁의 승리를 가져온 구舊 교육과의 대비가 이 희극에 자주 등장하는 '정론正論'과 '사론邪論'의 설전 가운데 분명하게 드러나 있다. 과거 교육에서 소년들은 예의범절을 까다롭게 지키고, 왕래할 때도 규율을 지켜야 하며, 진실하고 강건한 풍속 속에서 '노인이 가까이 오면 자리에서 일어나고, 부모님께 예의를 지키고, 그 외에 부끄러울 만한 행동을 삼갈 것을 마음에 새겨야 한다'(993-5)라는 분위기였지만, 신교육에서는 이런 풍습이 모조리 비웃음을 당하고 무엇에든 '반대 발언을 하고, 약한 입장에 서더라도 이기는 방법'(1040-2)만을 생각하게 되었다. 이러한 신교육이 어떤 청소년을 만들어내는지는 이 희극의 결말에서 분명하게 드러난다. 아테네 시민들은 도저히 감당할 수 없게 된 젊은 세대를 마주하게 되었고, 그 해악이 어디에서 왔는지 알았다고 여겼는지도 모른다. 플라톤의 『소크라테스의 변명』에 따르면 소크라테스는 이런 유해한 신교육의 대표자로서 이미 오랫동안 사람들의 주목을 받아왔다.

2

이에 비하면 하늘에 있는 것과 땅 아래에 있는 것을 탐구하는 소크라테스는 무해한 인물처럼 생각된다. 하지만 『소크라테스의 변명』(18C)에서는 그러한 연구가 '분명

신들을 인정하지 않는 지경'에 당도할 것이라는 일반인의 의심에 관해 다루고 있다. 실제로 『구름』에서도 제우스를 비롯한 신들에 대한 신앙이 부정되고 있다. 그렇기에 『소크라테스의 변명』(19B)의 소크라테스도 오랜 고발자들이 자신의 죄로써 열거하리라고 생각되는 것은 '위로는 하늘에 있는 것, 아래로는 땅 아래에 있는 것을 탐구하고 궤변을 정설로 둔갑시키는 등 불필요한 행동을 하면서 이를 타인에게 가르치는 것'이 주가 될 것이라고 보았다. 즉, '위로는 하늘에 있는 것을 탐구하고, 아래로는 땅 아래의 것을 조사하는 것'은 '궤변을 정설로 둔갑시키는 것(약론강변弱論强弁)'과 더불어 소크라테스의 용서할 수 없는 큰 죄라고 여겨졌다.

플루타르코스의 『페리클레스전』(32)에 따르면 디오페이테스라는 자가 신을 인정하지 않거나 하늘의 일에 관해 설교하는 자의 죄를 묻도록 하는 법안을 제출했다고 한다. 이는 아낙사고라스와 친교가 있었던 페리클레스에 대한 일종의 괴롭힘이었던 것으로 보인다. 즉 아낙사고라스의 경우를 들어 페리클레스에게 간접적인 공격을 가할 목적이 있었던 셈이다. 사실 아낙사고라스는 태양을 '작열하는 돌'이라고 말했기 때문에 페리클레스가 애를 썼음에도 불구하고 불경죄로 아테네에서 쫓겨나게 되었다. 그렇다고 한다면 비슷한 의심을 받는 소크라테스가 이유는 조금 다르지만 결국 같은 불경죄를 묻게 된다고 해도 이상할 게 없다. 그런데 아낙사고라스는 페리클레스와 친교가 있었다고는 해도 이오니아에서 건너온 외국인에 불과했지만, 소크라테스는 아테네 토박이다. 즉, 그는 아테네 시민이었다. 따라서 그가 아테네 시민들이 옛날부터 믿어온 신들에 대해 아낙사고라스와는 전혀 다른 관계에 있었다고 보아야 한다.

그렇다면 소크라테스는 정말로 이런 죄를 저질렀을까? 플라톤은 이를 거짓 소송이라고 말했다. 크세노폰 역시 『소크라테스 회상』 앞부분에서 이 부분에 관해 분명하게 부정하고 있다.

몇 번을 생각해봐도 이상하다. 소크라테스의 고발자들은 그가 국가에 대해 죽을죄를 지었다는 것을 아테네인들에게 어떻게 납득시켰던 것일까? 그들의 소크라테스에 대한 소송의 대부분은 국가가 인정하는 신들을 인정하지 않고 다른 새로운 다이몬(신령)을 섬기도록 인도함으로써 해악을 끼쳤으니 소크라테스에게 죄가 있다고 고발한다. 그렇다면 먼저 국가가 인정하는 신들을 인정하지 않았다는 것은 어떤 근거로 하는 말일까? 소크라테스는 자기 집과 국가 공공의 제단에서 몇 번의 제사를 지낸 것이 분명하며 점쟁이를 쓴 일도 숨기지 않았기에 하는 말이다.

또 그는 항상 남들이 보는 곳에 있었다. 그는 이른 아침부터 산책로나 운동장에 갔고, 시장에 사람들이 쏟아져 나올 무렵에는 그곳에 나타났다. 이렇게 하루종일 많은 사람을 만날 수 있는 장소에 있었다. 대개는 토론하고 있었는데 누구나 들으려고 하면 들을 수 있었지만, 누구 하나 일찍이 소크라테스가 불경하게 종교적 의무를 저버리는 일을 한 것을 본 적도 없고 또, 이야기하는 것도 들은 적이 없다. '만유의 본성'에 대해서도 다른 사람 대부분과 같은 방식으로 생각했다. 학자들처럼 코스모스(우주)가 본래 어떻게 탄생해 천계의 현상이 각각 어떤 필연에 의해 일어나는지를 고찰의 대상으로 삼아 이를 문답 가운데 끌어들이는 경우가 없었을 뿐 아니라 이러한 일에 대해 왈가왈부하는 사람들의 어리석음을 지적하기까지 했다.

만약 크세노폰의 말이 사실이라면 위 사항에 관해서 소크라테스는 완전히 무죄라고 해야 할 것이다. 하지만 크세노폰의 소크라테스는 너무나도 선량한 시민이어서, 왜 이 사람을 아리스토파네스뿐 아니라 아메이프시아스와 에우폴리스 등의 다른 희극작가들까지 문제의 인물로 다루었는지 전혀 알 수 없게 된다. 또, 나중에 실제 고발자들이 달리 어떤 숨겨진 이유를 들었다고 해도 이러한 명백한 허위를 표면적인 이유로 삼는 일이 어떻게 가능했는지 정말 불가사의하다고 할 수밖에 없다. 하지만 그렇다고 해서 크세노폰의 성실함을 가볍게 부정할 수도 없다. 아마도 이는 크세노폰이 본 소크라테스가 시간적으로나 내용적으로나 제한된 일부분에 지나지 않았기 때문일 것이다.

『구름』이 초연되었을 무렵, 크세노폰은 아직 어렸기 때문에 이 당시의 소크라테스가 항상 사람들이 모이는 곳에 나가 아무하고나 문답을 했는지 하지 않았는지는 크세노폰의 증언만으로는 확실히 알 수 없다. 그 무렵에는 『구름』에서 볼 수 있는 것처럼 적은 무리에게만 둘러싸여 사회의 한구석에서 생활하고, 그 비공개성 때문에 오히려 사회적인 주목을 받았을지도 모른다. 아무튼 소크라테스에 대한 사람들의 오해는 뿌리가 깊었고, 후의 고발자들이 이를 이용할 수 있을 만큼 의심을 받고 있었다는 사실은 플라톤도 인정했다. 그리고 그 의심이 전혀 근거 없는 것인지 아닌지는 쉽게 판단할 수가 없다.

3

『구름』에 나오는 소크라테스는 나중에 플라톤이나 크세노폰이 들려주는 소크라테스와 공통된 부분이 있다. 그러한 점만 보더라도 소크라테스는 일반인들의 주목을 받을 만한 독특한 인물이었을 것으로 보인다. 일반인들에게는 다음과 같은 인물로 비쳤던 것 같다. 그는 '곁눈질로 좌우를 살피며 이리저리 으스대며 걸었다. 신발은 신지 않았고, 온갖 재난과 악행에도 태연하게 위엄을 지켰다.'(362-3)

『구름』의 코러스는 다음과 같이 노래한다.

오오 인간이여, 많은 지혜를 우리보다 소망하는 자여,
자네는 아테네인 가운데 있든 그리스인 가운데 있든 복

받은 자가 되리라. 만일 기억력이 좋고, 생각이 깊고, 환난을 견디는 기상을 그 정신 가운데 길러 행동거지를 권태롭게 하는 일 없이, 추위를 대단한 고통으로 여기지 않고, 아침 식사를 거르고, 경기장에 가까이 가지 않고, 술잔을 가까이하지 않으며, 그 외의 치정을 멀리한다면 (414-7)

우리는 여기서 견유학파가 이상으로 한 소크라테스적 생활의 특색을 볼 수 있다. 게다가 처음에 스트레프시아데스가 혼자서 소크라테스 학교에 가서 경험하는 여러 가지 기묘한 일 가운데, 그 마지막 교육 단계에서 우리는 소크라테스의 산파술을 떠올리게 하는 장면을 보게 된다. 거기서 소크라테스가 빈대의 소굴인 불결한 마루 위에 스트레프시아데스를 눕히고 그 위에 이불을 덮고는 "잘 생각해서 찾아내게. 자기 자신에 대해 말일세"(695)라고 명하고, 때때로 들러 스트레프시아데스가 잘 생각하고 있는지, 무언가 생각해낸 것이 있는지를 보러 가곤 했다. 즉, 스트레프시아데스는 임산부처럼 소크라테스의 산파술의 도움을 받으면서 자신의 중대사인 빚을 갚지 않고 넘어갈 방법을 스스로 생각해내려고 하고 있었다.

그 사색의 산물은 하나같이 우스운 것인데, 소크라테스는 진지한 체하며 스트레프시아데스의 사색을 돕기 위해 '사색에 칼집을 넣어 이를 얇고 가늘게 해 문제를 중심으로 두루 생각하라. 구분(디아이레시스diairesis)과 고찰(스켑시스skepsis)을 정확하게 해서'(740-2)라거나 '만일 자네가 생각하다가 무언가 막히는 것(아포리아aporia)이 있을 때는 그것을 그냥 내버려 둬라. 그것에서 떨어지는 것이다. 그리고 나중에 다시 한번 생각을 움직여보아라. 또, 그것을 저울에 매달아보아라'(743-5) 등 생각을 할 때 주의할 점을 가르쳐주고 있다.

소크라테스의 산파술, 혹은 조산술이라고 불리는 것은 플라톤의 『테아이테토스』(149A 이하)에 그 상세한 설명이 나와있는데, 정신의 출산을 도와 그 분만물을 검사하는 일이 산파술의 중요한 임무다. 그리스에서는 출산을 돕는 일이 아르테미스 신을 섬기는 신성한 일이었고 스스로는 아이를 낳을 수 없게 된, 글자 그대로 산파産婆가 하는 일이었다. 소크라테스의 어머니 파이나레테 역시 산파였는데, 소크라테스는 스스로 출산하지 않고 다른 사람의 출산을 돕는다는 점에서 자신과 어머니는 동업자라고 할 수 있다며 어머니와의 중요한 유사점을 인정했다.

산파들과 같은 사정으로 나는 지혜를 낳을 수 없는 몸이다. 그렇기에 이미 많은 사람이 나를 비난하며 타인에게 묻기만 할 뿐 스스로는 어떤 지혜도 없어서 무엇에 관해서도 자신의 견해는 밝히지 않는다는 그들의 비난은 타당하다. 하지만 여기에는 다음과 같은 사정이 있다. 신은 내가 들어주는 역할을 담당하도록 정하였고, 낳는 역할은 봉하였기 때문이다. 그러한 이유로 나 자신은 조금의 지혜도 없는 몸이며 나의 정신이 낳은 것 가운데는 '지혜로운 자'다운 발견이 없다.

그런데 나와 친분을 맺는 자 가운데는 처음에는 완전히 무지하게 보이는 자도 있는데, 나와의 교제가 진행됨에 따라 신의 허락만 있으면 모든 자가 내 눈에나 다른 사람의 눈에나 놀랄 만큼의 진보를 이룬다는 사실에는 의심의 여지가 없다. 게다가 이는 틀림없는 사실인데 여태까지 한 번도 무엇 하나 나에게 배우지 않고도 그저 자기 스스로 자기 자신에게서 수많은 훌륭한 것을 발견하고 산출한다. 다만 그렇다고 해도 깨닫게 하는 것은 신이 행하시는 일이며 나 역시 미력하나마 거기에 힘을 보태고 있는 것이다. (150CD)

소크라테스 표현에는 여느 때처럼 빈정거리는 부분도 있지만, 여기서 하나의 새로운 교육 원리를 이야기하고 있다. 그는 여러 지식을 밖에서 주입하는 것보다 오히려 스스로 생각하고, 스스로 발견하게 하는 일이 교육자의 역할이며 밖에서 오는 지식은 출산을 돕기 위한 유도제나 주문으로써 적절하게 사용하지 않으면 안 된다고 말한다. 만약 소크라테스가 새로운 교육 운동의 주동자였다면 그것은 이러한 교육 원리의 주창자로서였다고 할 수 있다. 하지만 이러한 사실을 아리스토파네스가 인식하고 있었는지는 알 수 없다.

산파술과 관련된 장면으로는 스트레프시아데스가 처음 소크라테스 학교 문을 두드렸을 때 밖으로 나온 소크라테스의 제자가 스트레프시아데스 때문에 '모처럼 발견한 생각을 유산'(137)시켰다고 푸념하는 장면이 나온다. 하지만 사람들이 소크라테스의 산파술을 어느 정도 이해하고 있었는지 이 이야기만으로는 알기 어렵다.

『구름』에서는 소크라테스의 학교를 사색하는 곳, 근심하는 곳, 사변가가 머무는 곳 등을 뜻하는 '프론티스테리온(phrontisterion, 사색소)'이라는 이름으로 부르는데, 그러한 생각의 산물이 소크라테스 어머니의 직업과 얽혀 우연히 출산의 결과물처럼 여겨졌는지도 모른다.

아무튼 『구름』에 나오는 소크라테스 학교의 주요 특색은 하늘과 땅의 탐구와 궤변을 정설로 둔갑시키는 기법으로 산파술은 아니었던 것 같다. 하지만 그렇다고는 해도 사람들이 소크라테스의 산파술을 아리스토파네스를 비롯한 여러 사람에 의해 조금이라도 알고 있었다면, 소크라테스 사상의 역사를 어떤 형태로든 알고 싶은 사람으로서는 의미 있는 발견이다. 하지만 이 시대의 소크라테스가 나중의 문답법(변증법)이나 상기설(지식은 상기하는 것이라는 설)에도 깊은 관련이 있는 산파술의 의미를 스스로얼마나 자각하고 있었는지는 이 정도 자료로는 확인하기어렵다. 다만 우리는 소크라테스 사상의 배경을 만년의자료만으로 완결시키는 대신, 여기에서 또 다른 기원을찾을 수 있기를 기대해볼 뿐이다.

4

누구나 추측하듯이 '구름'이라는 표제는 작품에 등장하는 구름의 코러스에서 그 이름을 따왔다. 그리고 구름이야말로 새로운 시대의 신으로서 '일하지 않고'(316) 자신의

'꾀만으로 살아가는 자들'(331)의 수호신이다. 소크라테스는 이 구름의 코러스를 앞에 두고, 구름 외의 신은 없다고 선언하고, 지금까지 제우스 신이 한 일이라고 믿어왔던 비, 천둥, 번개 등의 현상을 구름의 작용으로 설명한다. 이러한 자연현상이 일어나는 근본 원인이 청운(아이테르Aether) 가운데 있는 소용돌이(디노스Dinos)라고 말하며, 세계를 지배하는 것은 제우스(Zeus, Dios)가 아니라 디노스Dinos(381)임을 스트레프시아데스에게 믿게 한다.

우리는 여기서 페르시아전쟁 후에 아테네에 새롭게 들어온 계몽사상을 볼 수 있다. 이오니아의 자연과학자 아낙사고라스가 페리클레스의 손님으로 아테네에 30년 동안 체재한 것도 이 시기의 일이다.

동방 이오니아의 그리스 도시에서는 기원전 6세기 초에 이미 자연을 신화적으로 해석하는 대신 자연을 자연 그대로 이해하려는 시도가 있었지만, 아테네는 그러한 사상운동에는 아주 오랫동안 조금도 관심을 가지지 않았던 것 같다. 그들은 이오니아에 철학과 과학이 탄생했을 무렵에 솔론의 개혁과 결부되어 새롭게 일련의 정치적 실험을 시작했다. 약 1세기에 걸친 몇 가지의 개혁과 그 반동을 거쳐 하나의 민주 정치 체제를 확립하고, 페르시아전쟁의 시련을 통해 마침내 살아남을 수 있었다. 또 도시국가의 한계를 넘어 델로스동맹을 중심으로 엄청난 제국으로 발전하려 하고 있었다. 아테네 여신은 오늘날 일반적으로 생각하는 학술의 신이 아니다. 그녀는 갑옷과 투구로 몸을 감싸고 창과 방패를 든 전쟁의 신이며 호국의 신이다. 아테네는 찬란한 문화를 꽃피운 나라로 역사에 남아있지만, 그리스인의 세계에서는 가장 늦게 문화의 꽃을 피운 나라였을지도 모른다. 단순한 문화국가에서는 오히려 문화가 탄생하지 않는다. 아테네는 우선 일대 강국이 되었다. 게다가 페리클레스는 어떤 연설에서 다음과 같이 말한 것으로 유명하다.

　우리나라의 정치 방식은 옆 나라의 법제를 허둥대며 따라 한 것이 아니다. 우리는 다른 나라를 모방하기보다 오히려 우리가 그들의 모범이 되었다. 우리나라의 정치는 소수자의 손안에 있는 것이 아니라 다수자의 손에 의해 행해지기에 민주정치라 불리는데, 개별 인간의 다툼에 관해서 법률은 누구에게든 평등한 권리를 보증하고, 각 사람이 어떠한 영역에서 두각을 나타내면 국가의 명예는 그 뛰어난 능력으로 인해 그에게 주어지며 그의 소속 여부를 묻지 않는 것이 우리의 평가 방식이다.

이와 같은 성격의 강국이 된 것이다. 그들이 페르시아 전쟁에서 사력을 다해 싸워야만 했던 까닭은 자유와 독립이 페르시아제국의 전제정치의 지배하에 놓일 위기에 처했기 때문일 것이다. 아테네에 동방의 과학과 사상이 들어오는 것은 이와 같은 위기가 그들의 승리로 끝나고, 공전의 번영이 찾아온 뒤였다. 하지만 전후 페리클레스 시대에 일어난 문화의 개화는 다른 한편으로는 오랜 전통의 해체를 의미한다. 우리는 『구름』 안의 '정론正論'과 '사론邪論'의 교차에서 마라톤전투에서 승리를 가져온 구시대의 교육이 그로부터 반세기 이상 지나 이제는 완전히 잊히려 하는 모습을 보았다. 소크라테스는 이러한 파괴적 계몽 운동의 대표자로서 이 희극에 등장하고 있다. 소크라테스가 이런 역할을 했다는 이야기는 사실일까?

5

철학사의 상식으로 이야기하자면 자연현상에 대한 과학적 설명은 소크라테스와는 전혀 무관하다고 보아야 할 것이다. 이러한 철학사 지식은 보통 아리스토텔레스에게서 유래하는데, 그는 『형이상학』 제1권 제6장에서 소크라테스는 오로지 윤리의 문제를 다루는 데 빠져있어서 자연에 대해서는 아무 말도 하지 않았다고 한다. 앞에서 이야기한 크세노폰의 증언에서도 '만유의 본성'에 대해 이 우주가 본래 어떻게 탄생하고, 천계의 현상이 어떠한 필연에 의해 발생했는지에 관한 문제는 소크라테스의 문답에서 다뤄지거나 깊이 있게 파고든 적이 없었다고 전한다. 그렇다면 『구름』에 나오는 소크라테스의 자연 연구는 완전히 지어낸 이야기라고 할 수밖에 없다. 하지만 플라톤의 『파이돈』(96A 이하)에서 소크라테스는 다음과 같이 말한다.

나는 젊은 시절, 자연에 관한 연구라 불리는 지혜를 구하는 일에 그야말로 질릴 정도로 열중한 일이 있다. 그도 그럴 것이 이 지혜가 각각의 것들이 도대체 무엇으로 말미암아 발생하고, 무엇으로 말미암아 쇠퇴하며, 또 무엇으로 말미암아 존재하는지 그 원인을 아는 거라고 한다면 이는 나에게는 매우 훌륭한 것으로 생각되었기 때문이다. 그래서 나는 몇 번이나 내 생각을 여기저기로 옮기면서 우선 이런 문제를 검토했다. 애초에 생물의 영양이란 어떤 사람들이 말하는 것처럼 뜨거운 것과 차가운 것이 함께 씨앗의 부패를 일으킬 때 바로 거기에서 얻을 수 있는 것인지 아닌지를 말이다. 또, 우리가 생각하는 것은 피에 의한 것인지, 공기에 의한 것인지, 혹은 불에 의한 것인지. 그렇지 않으면 두뇌가 보고, 듣고, 냄새를 맡는 감각을 일으키며 이런 감각에서 기억과 추측과 판단이 생기고, 이 기억과 추측과 판단이 정착하면 그것에 의해 지식이 발생하는 것인지 아닌지 말이다. 또, 이러한 것들이 어떻게 사라지는지 천공이나 대지의 여러 현상도 검토의 대상이 되었는데, 결국 나는 나 자신이 이 연구에 말이 안 될 만큼 본디 어울리지 않는 사람이라는 사실을 통감하고 말았다.

이처럼 소크라테스가 결국 자연 연구를 단념해야 했다고 말하고 있다. 이 이야기는 소크라테스가 이 방면의 일을 하지 않았다고 하는 아리스토텔레스의 증언, 그리고 크세노폰이 접한 길거리에 있던 만년의 소크라테스가 자연 연구에 관한 문답은 하지 않았다는 증언과도 일치한다. 이와 동시에 소크라테스 전반생에 관해 하나의 새로운 정보를 준다고 할 수 있다. 만약 여기서 말하는 사실이 소크라테스의 전반생에 있었던 일이라면 아리스토파네스가 『구름』에서 소크라테스를 천상과 지하의 탐구자라고 본 것도 전혀 엉뚱한 이야기라고는 할 수 없을 것이다.

하지만 여기서 하는 말이 과연 사실인지에 관해서는 의견이 엇갈린다. 왜냐하면 플라톤은 뛰어난 창작자이기에 여기서도 자기 자신의 경험을 소크라테스를 통해 이야기하고 있는 것일지도 모르기 때문이다. 우리는 이와 같은 의심을 완전히 떨쳐버릴 수는 없다. 하지만 또 한편으로, 이는 모두 플라톤의 창작이며 소크라테스와는 전혀 관계없는 일이라고 적극적으로 단정할 수도 없다. 우리는 플라톤의 창작을 의심하며 크세노폰만을 신용하는 간단한 방법을 취해서는 안 된다. 크세노폰을 잘 읽어보면 여기에도 플라톤의 위작과 유사한 듯한 조금 서툰 창작물이 포함되어있는 것을 어렵지 않게 발견하게 된다. 그런데 서툰 창작이 진실에 가까운 경우는 없다. 그렇다면 우리는 크세노폰과 플라톤, 그리고 아리스토파네스의 작품이 완전히 지어낸 것이라고밖에 볼 수 없을까? 아무래도 그렇게는 생각하기 어렵다. 소크라테스라는 인물이 전혀 실재하지 않았다면 다른 이야기가 되겠지만, 그렇지 않다면 그들이 말하는 것에는 그 근저에 공통된 사실이 있어야만 하고, 그들의 이야기를 살펴보면 서로 일치하고 보충해주는 점이 적잖이 발견된다.

6

우리가 『파이돈』의 소크라테스 이야기를 의심하는 이유는 무엇일까? 플라톤에 대한 막연한 경계심과 소크라테스를 실천 도덕가로만 보려고 하는 철학사적인 선입견 외에 소크라테스 이야기를 모순되고 불가능하다고 할 적극적인 이유를 찾을 수 있을까? 이미 보았듯이 아리스토텔레스의 증언과도, 크세노폰의 증언과도 직접 모순되는 부분은 없다.

그렇다면 책에서 이야기되는 문제 가운데 플라톤의 청년 시절에 어울리고, 소크라테스의 젊은 시절에는 맞지 않는 무언가를 찾을 수 있을까? 물론 우리가 인용한 것은 소크라테스 이야기의 최초의 일부분에 불과하다. 거기에는 이른바 자연 연구에 실망한 소크라테스가 아낙사고라스의 '누스(Nous, 지성)'를 세계 질서의 근본 원인으로 보는 학설에서 새로운 희망을 발견하지만, 그 실제 주장에 재차 실망하면서 급기야 세계의 목적인目的因에 대한 요청과 사물을 이데아로 설명하는 부분에까지 나아간다. 따라서 이 이야기 전체가 소크라테스 사상이라고 하면 다양한 반대 의견이 나올 것이다.

나 역시 지금 여기서 그러한 주장을 하려는 것은 아니다. 하지만 여기서 이야기하는 내용 가운데 소크라테스에 관한 진실은 전혀 포함되어있지 않다고 하면 그것 또한 또 다른 극단으로 치닫는 일이 아닐까 싶다. 플라톤이 뛰어난 창작자라고 한다면 그는 창작을 완성하기 위해 이용할 수 있는 한 소크라테스에 관한 사실을 이용했을 것이다. 예를 들어 아낙사고라스의 책을 읽는 것은 『소크라테스의 변명』(26D)에서도 평범한 일로 언급되어있는데, 이는 플라톤 자신의 경험에 한정된 것이 아니라 소크라테스의 경험으로 보아도 무방하다. 아낙사고라스는 소크라테스보다 서른 살이 많아서 언제든지 스승과 제자가 될 수 있는 관계에 있었던 셈이다.

그뿐만 아니라 소크라테스를 아낙사고라스 제자의 제자라고 하는 이야기도 상당히 오래전부터 전해져 내려온다. 한편, 소크라테스의 독서에 관해서는 현실주의자인 크세노폰이 『소크라테스 회상』(1, 6, 14)에서 흥미로운 증언을 하고 있다. 거기에서는 소크라테스가 '과거의 현자들이 책으로 남겨준 보물을 풀어내어 친구들과 함께 열람하고, 무언가 좋은 것을 발견하면 발췌하여 서로 진정한 친구가 될 수 있으니, 책은 커다란 이득을 준다고 생각한다'라고 말한다. 이에 따르면 소크라테스는 한편으로는 에우리피데스와 같은 한 사람의 독서가였고, 마음에 드는 문장이 있으면 이를 필사하기까지 했는데, 다른 한편으로는 독서를 이른바 교실에서 공부하듯 교육적으로도 이용하고 있었다.

소크라테스는 단순한 실천가가 아니다. 아리스토파네스가 '프론티스테리온(phrontisterion, 사색소)'의 주인으로 그를 선택할 수 있었던 이유도 소크라테스에게 이와 같은 독서가의 일면이 있었기 때문일 것이다. 크세노폰은 『소크라테스 회상』(4, 7, 3-5)에서 소크라테스가 수학이나 천문학에 관해 보통 사람이 어느 정도까지 배우면 좋을지를 이야기하며, 전문가 수준의 비실용적인 지식은 배울 필요가 없다고 가르쳤다고 말한다. 하지만 소크라테스는 그런 지식이 없는 사람이 아니었다는 사실을 거듭 강조한다. 이런 이야기를 통해 우리는 만년의 소크라테스가 자연학과 수학에 관해 다른 이들에게 가르치는 일은 물론이고, 이를 관찰의 대상으로써 문답하는 일조차 하지 않았을지 모르겠지만, 이전에는 이것들에 관한 지식을 가지고 있었을지도 모른다는 상상을 해볼 수 있다.

『구름』에서는 공기 중의 소용돌이 운동dinos이 제우스 대신 세계를 지배한다고 말했다. 소용돌이 운동은 아낙사고라스 철학에서도 모든 것의 시작인 만물의 혼돈 상태에서 세계의 질서(코스모스)가 펼쳐지기 위해 세계의 지성이 최초로 가하는 운동 형식과 같은 종류의 것으로, 아낙사고라스의 혼돈은 청운암운靑雲暗雲에 둘러싸여 있다. 이는 만물의 근원이 어둡고 습한 공기 가운데 있다고 생각한 밀레토스학파의 완성자인 아낙시메네스의 생각을 이어받은 것으로 아낙사고라스 시대에도 이 생각은 아폴로니아의 디오게네스에 의해 부활해있었다. 아리스토파네스의 『구름』은 이와 같은 사상의 움직임을 반영한 것이라 할 수 있다. 앞에서도 언급했듯이 아리스토텔레스학파 사람들은 소크라테스가 아낙사고라스의 제자인 아르켈라오스에게 배웠다고 전한다. 학자들의 고증에 따르면 『파이돈』의 소크라테스가 처음에 언급하는, 뜨거운 것과 차가운 것이 함께 어우러지면서 일종의 부패 작용을 일으키고, 여기서 생물의 자양분이 되는 젖과 같은 것을 얻을 수 있다는 생각은 소크라테스의 스승이라 불리는 아르켈라오스의 학설이었다고 한다.

7

소크라테스가 수학과 자연학에 관해 배운 적이 있는 사람이라는 사실은 크세노폰조차 부정하지 않는다. 그 방면의 연구가 그의 주요한 과제가 되지는 않았다. 따라서 우리는 그에 관해서는 전해 들을 이야기가 없다. 또한 그 방면에 관한 소크라테스의 지식이 어느 정도였는지도 약간의 추측을 해볼 뿐 자세히는 알 수 없다. 이에 반해 『구름』 안에서 궤변을 정설처럼 말한다고 했던 이야기는 플라톤과 크세노폰의 작품 속에서도 만년의 소크라테스의 뛰어난 기술로서 다양하게 묘사되고 있다.

예를 들어 플라톤의 『고르기아스』에서 '사람은 자기 생각대로 무엇이든 할 수 있는 독재자가 되더라도 반드시 욕망하는 일을 마음껏 하지는 못한다. 만약 그가 최악의 부정을 하고도 그 권력 덕분에 조금의 벌도 받지 않는다면 이는 가장 큰 불행이라고 말해야 하며, 차라리 벌을 받은 자의 불행이 오히려 가볍다. 남에게 부정을 행하는 것보다 자신이 부정한 일을 당하는 편이 낫다'는 놀랄 만한 패러독스를 문답을 통해 끌어내는 부분은 그야말로 약론강변의 극치라고 불린다. 소크라테스는 가공할 만한 논리가이며 문답법의 명수인 것이다. 물론 이는 플라톤의 창작으로 실제 문답은 이렇게 깔끔하게 진행되지 않았을지도 모른다. 앞에서 우리는 토론에서 패배한 자가 소크라테스를 폭행하는 경우도 있었다는 이야기를 했었다. 이 이야기에서 상상해볼 수 있듯이 실제 토론은 거칠고 어중간하게 끝났을지도 모른다. 하지만 친한 동료들과는 더 철저하게 대화를 나누었을 것으로 보인다. 그리스인은 플라톤의 『향연』 등에서 볼 수 있듯이 어떤 주제를 정해 서로 토론하거나 난제를 끄집어내 풀어나가는 일을 즐겼다는 이야기가 있다. 플라톤의 대화편을 보면 문답을 듣고 있는 청중들이 열중한 나머지 당사자가 토론을 그만두는 것을 용납하지 않는 장면이 자주 나온다.

『파이돈』에서는 친한 지인들끼리 철저한 토론을 하고 있는데, 토론이 몇 번인가 궁지에 몰려 위태로워진다. 하지만 그 가운데 소크라테스는 생각지도 못한 곳에서 묘수를 찾아내 솜씨 좋게 난국을 타개한다. 이와 같은 문답법의 명인으로서의 소크라테스는 플라톤 대화편 안에서도 특히 소크라테스적이라고 불리는 부분에서 가장 잘 드러나는데, 이는 이와 같은 면이 소크라테스 본인이 가진 특질이며, 플라톤의 완전한 창작은 아니었다는 사실을 보여준다고 해석할 수 있다.

천재의 영역에 있다고 할 만한 소크라테스의 이 기법은 다른 곳에서 유래하는 것으로 보인다. 플라톤은 대화편『파르메니데스』에서 소크라테스가 젊은 시절에 엘레아학파의 철학자 파르메니데스와 제논을 만났다고 가정하고, 파르메니데스와 소크라테스의 문답을 전개하고 있는데 이는 매우 흥미롭다. 왜냐하면 제논은 아리스토텔레스에게 문답법 혹은 문답 게임의 원조라 불리는 사람으로 엘레아학파는 특히 논리적이었던 것으로 유명하기 때문이다. 플라톤이 소크라테스에게 아낙사고라스의 책을 읽게 하면서도 아낙사고라스라는 인물과는 접촉시키지 않는데 반해, 스무 살의 소크라테스를 예순다섯 살의 파르메니데스와 마흔 살의 제논을 직접 만나게 해서 문답을 시키는 것은 소크라테스 정신의 역사에서 엘레아학파의 영향을 이오니아 철학의 영향보다 중요시했기 때문이라고 볼 수 있다. 하지만 여기서도 플라톤의 자료에만 의지하는 것은 경계해야 할 일이기 때문에 논리적으로는

그다지 날카로운 부분이 없는 크세노폰의 자료를 통해
살펴보자.

8

크세노폰은 소크라테스의 논법에 관해 다음과 같이 말
하고 있다.

어떤 이가 어떤 문제에 관해 그에게 반대 의견을 내세
우며 명확한 논거를 세우지 못하고 증명도 하지 못한 채
자신이 더 똑똑하다거나 정치가로서 뛰어나다거나, 용
기가 있다거나 그 외에 그런 종류의 것을 주장할 때 그
는 항상 토론 전체를 대체로 다음과 같은 방법으로 그
근저에 있어야 할 가설(하이포테시스)로 인도했다.

"자네가 칭찬하는 인물이 내가 칭찬하는 인물보다 훌
륭한 시민이라고 하는 게 자네의 주장인가?"

"그렇습니다. 그것이 저의 주장입니다."

"그렇다면 왜 처음에 훌륭한 시민이란 어떤 일을 하는
사람인지를 검토해보지 않았나?"

"그러면 그걸 검토해봅시다."

"재정 관리에 있어서 국가의 재력을 한층 풍요롭게 하는 자가 훌륭한 인물이라 할 수 있지 않겠나?"

"그렇습니다. 선생님 말씀 그대로입니다."

"전쟁할 때는 자국을 적국보다 우세하게 만드는 자가 훌륭한 자가 아니겠는가?"

"그렇습니다. 그것이 분명합니다."

"외교 사절로서 공작을 통해 적을 우리 편으로 만드는 자가 훌륭한 자가 아니겠는가?"

"네, 지당하신 말씀입니다."

"그렇다면 많은 사람에게 호소할 때 대립 항쟁을 그만두고 협동 일치의 정신을 불러일으키는 자가 훌륭하지 않겠나?"

"그렇습니다."

이런 식으로 토론을, 근본적인 전제조건을 확립하도록 이끌어 반대 입장에 있는 사람들에게도 진실이 점점 명백하게 드러난다. 또, 자신이 무언가를 주장할 때는 항상 누구든 승인할 수 있는 진실을 통해 논지를 진행시켰다. 그것은 이런 방법이 토론으로써 가장 위험이 없는 착실한 방법이라고 믿었기 때문이다. 그러므로 내가 알고 있는 사람들 가운데 다른 어떤 사람의 토론보다 그의 토론이 듣는 이의 찬동을 얻었다. 그의 주장에 따르면 호메로스가 오디세우스를 '착실한 변론가'라고 보증한 이유도 오디세우스가 사람들이 합당하다고 생각하는 것을 통해 토론을 진행하는 능력이 있다고 생각했기 때문이라고 할 수 있다. (Mem. IV, 6, 13-15)

크세노폰의 이 설명을 통해 우리는 두 가지를 배운다. 하나는 소크라테스가 항상 토론의 근저에 상정하는 것 즉, 그 전제가 되는 것에 주목해 이를 확인하기 위해 애쓰고, 그것이 분명해지면 개개의 경우도 자연스럽게 분명해지는 방법을 취했다는 사실이다. 이 전제가 되는 것을 찾는 방식은 소크라테스 대화편 곳곳에서 찾을 수 있는데, 이것의 자발적인 수행이 플라톤 변증법의 중요한 특질이 되었다. 『메논』이나 『파이돈』, 『국가』 제6권의 독자는 이를 잘 알고 있을 것이다. 하지만 전제를 만드는 방법은 소크라테스가 고안한 것이 아니라 제논의 논법에서 유래했다. 제논은 엘레아학파의 일원론一元論을 지키기 위해 반대편 전제를 취해 만약 존재가 다多라면 이는 유한함과 동시에 무한하며, 서로 닮음과 동시에 닮은 부분이 없는 것이라고 논하고, 이 상호 모순되는 귀결을 통해 그 전제를 부정했다. 보통의 논리는 전제를 지켜서 귀결시키기 때문에 전제보다 귀결에 시선을 빼앗기는 일이 많다. 그런데 제논의 논법은 귀결을 통해 전제를 공격하기 때문에 반드시 전제를 주목하지 않을 수 없게 된다. 소크라테스가 이어받은 것은 이 전제(가설hypothesis)의 명확한 인식이었다고 할 수 있다.

게다가 크세노폰의 설명 가운데 또 하나 주목해야 할 것은 누구나 승인할 수 있는 사실, 혹은 가장 많은 동의를 얻을 수 있고 일반인들이 지당하다고 생각하는 사실을 통해 토론을 진행하는 소크라테스의 방식이다. 말할 것도 없이 문답법은 토론의 한 걸음 한 걸음에 상대방의 동의 혹은 승인을 얻어야 하기에 그 방식은 자연히 일반의 동의를 얻기 쉬운 길을 취하는 쪽으로 향하게 된다. 나중에 아리스토텔레스가 엄밀한 학문적 논증은 참된 명제를 전제로 하며 단지 동의를 얻으며 승인된 명제를 전제로 하는 것이 아니라고 말하며 이를 문답법 전체에서 구별했지만, 그 참된 전제를 어떻게 얻을 수 있는지를 따져보면 역시 널리 인간의 경험에서 귀납할 수밖에 없는 경우가 많다. 소크라테스가 '어떤 사람이 훌륭한 시민인가 아닌가'라는 문제를 '훌륭한 시민이란 어떤 일을 하는

가'라는 가장 근본적인 문제로 바꿔서 이 답을 찾아내기 위해 시도하고 있는 재정, 군사, 외교, 민중 지도 등에 대한 동의의 축적은 지금 말한 귀납의 일종에 가깝다고 할 수 있다. 아리스토텔레스[1]가 '보편적 정의'와 '귀납적 논법' 두 가지를 소크라테스에게서 비롯된 것으로 인정했다는 사실은 일반적으로 잘 알려져 있는데, 이 귀납법은 인간 상호 간의 경험에 호소해 거기서 동의를 얻는 것이었다고 할 수 있다.

9

이렇게 우리는 『구름』에 등장하는 소크라테스의 이면 즉, 자연과학자로서의 소크라테스와 뛰어난 논쟁가, 논리가로서 소크라테스가 소크라테스 자신 안에 어떠한 사

---

1) *Met. M, 4(1078 b 27-9)
단, 여기서 '귀납적 논법'이라고 번역한 말의 의미가 항상 확실한 것은 아니다. 이른바 귀납법(에파고게)에 관해서는 『분석론 전서』 B권 23장에, B는 A, C는 B, 따라서 C는 A라는 삼단논법에서의 대전제(B는 A)를, CA, CB에 의해서 증명하는 것이라고 규정하고 있는데, 소크라테스의 논법은 오히려 『분석론 전서』 24장에서 다루고 있는 예증(파라데이그마paradeigma)에 속하는 것이라고 보아야 할 것이다. 귀납법에서는 BA의 확증을 얻기 위해서 CB의 모든 사례를 대입해야 하는데, 예증에서는 약간의 예를 드는 것만으로 충분하기 때문이다. 『수사학Rhetorica』 B. 20에서 아리스토텔레스는 소크라테스의 논법이 이 예증의 일종parabole이라고 말하고 있다. 어쩌면 소크라테스에게 귀납법은 누구라도 승인할 수 있는 사실이나 가장 많은 동의를 얻을 수 있는 것을 통해 토론을 진행해가는 방법과 결부시켜서 생각해야 할 문제인지도 모른다.

실적 근거를 가지고 있지 않았나를 살펴보았다. 다만 이 가운데 자연과학자로서의 소크라테스는 도중에 좌절하고 논리가로서 소크라테스만이 만년의 소크라테스 안에 남아 성장했다고 생각해야 할 것이다. 그런데 이 두 가지의 구별이 우리에게는 명료하기 그지없는 것 같지만『구름』의 독자인 일반 시민들에게는 확실하게 구별되는 것이 아니었을지도 모른다. 고르기아스는『헬레네 예찬』(13)에서 사람의 마음이 여론에 의해 쉽게 지배당하는 예를 자연과학자의 토론에서 찾으며 이렇게 말했다.

여론에 의한 설득이 마음에 와닿고 이를 마음대로 변형하는 일은 우선 하늘 위의 일을 논하는 자들이 하는 말을 보면 알 수 있다. 즉, 그들은 생각을 바꾸는 데 다른 생각을 이용하거나 혹은 무언가를 빼거나 집어넣어 대강 흐릿하게 만들어 믿지 말아야 할 것을 명백한 것처럼 눈앞에 보여준다.

즉, 자연과학이라고 해도 토론으로 이어지는 부분이 많으므로 보통 사람들에게는 기묘하고 이상한 궤변으로 보였을 것이다. 예를 들어 아낙사고라스가 태양을 '작열

하는 돌'이라고 주장한 것도 대중들에게는 단순히 기발한 토론거리로만 들렸을지 모른다. 따라서 자연과학자의 주장도 약설강변의 일종으로 보였을 수도 있다. 고르기아스도 기괴한 것을 믿게 하는 여론의 설득력의 예로, 자연과학자 다음으로는 교묘하게 써놓아서 대중을 즐겁게 하지만 진실은 말하지 않는 대결로서의 논쟁의 여론, 우리의 신념을 어지럽게 변화시키는 철학자의 논쟁을 들고 있다.

플라톤과 동시대인인 이소크라테스Isocrates는 도발적인 글 안티도시스Antidosis에서 다음과 같이 말하고 있다.

내 생각으로는 대결로서의 논쟁의 유력자나 천문학, 기하학, 그 외에 이런 종류의 학문을 연구하는 자는 그들에게서 배우는 사람들에게 해를 끼치는 것이 아니라 이익을 준다. 그 이익은 그들이 선전하는 것만큼 크지 않지만, 다른 사람들이 생각하는 것만큼 작지도 않다. 세상의 많은 사람은 이러한 학문은 지엽적인 것을 다루는 쓸데없는 이야기에 지나지 않는다고 단정한다. 즉, 이러한 학문은 공적으로나 사적으로나 어떠한 구실도 하지 못하고, 배워봤자 오랫동안 마음에 남는 것도 없는데, 이는 그러한 학문이 실생활의 반려자가 되는 일도 없고, 실전에서 도움이 되는 일도 없으며, 일상의 필요에서 완전히 떨어져 있기 때문이라고 말한다. (261-2)

즉, 소크라테스 사후 반세기가 지났을 무렵에도 일반인들은 천문학 같은 학문과 논리를 까다롭게 추구하는 토론을 크게 구별하지 않았다. 또 이런 사람들을 싸잡아 쓸데없는 이야기를 하는 공론가라고 간주했다. 소크라테스는 쓸데없는 이야기를 하는 사람의 대표로 희극작가 에우폴리스(fr. 352)에게 '나는 증오한다. 수다쟁이이자 비렁뱅이인 소크라테스를'이라는 말을 들었다. 『구름』(1480, 1485)에서도 소크라테스 학교를 공격하는 데 '쓸데없는 이야기'라는 표현이 사용되었다. 철학사상 최대의 실천가였던 소크라테스가 당시의 아테네 시민들 눈에는 전혀 실천적이지 않은 공론가로 비쳤던 것이다. 이 아이러니한 엇갈림은 플라톤이 『파이돈』(70C), 『국가』(488E), 『소피스트』(225D), 『정치가』(299B) 등에서 반복해서 문제 삼아야 했다. 플라톤은 다른 사람들과는 반대로 소크라테스야말로 진정한 정치자이자 진정한 실천가라고 해석했다. 그런데 여기서 말하는 실천이란 무엇일까? 『크리톤』(46B)

에서 소크라테스는 탈옥을 권하는 크리톤에게

"사랑하는 크리톤이여, 자네의 열의는 존중받아 마땅하네. 만약 어떤 올바름을 동반하고 있다면 말일세. 하지만 그렇지 않다면 그것은 크면 클수록 오히려 성가신 일이 되네. 그러니 자네가 하는 말을 해야 하는지 하지말아야 하는지 우리는 생각해보아야만 한다네."

이렇게 말하고 다음과 같이 덧붙인다.

"왜냐하면 나라는 인간은 스스로 깊이 생각해보고 그것이 최고의 답이라는 사실이 분명해진 것(=로고스)이 아니면 내 안의 다른 어떤 것에도 따르지 않는 인간이며 이는 지금 시작된 것이 아니라 항상 그렇기 때문이라네."

공론가 소크라테스는 공론을 공론인 채로 두지 않고 이를 행동과 생활에 적용하려 했다. 그는 자신의 생사조차 그것에 맡기고 후회하지 않았다. 실천이라는 것은 단순한 정렬이나 단순한 행동을 뜻하는 게 아니다. 그에게는 오히려 이를 억제하고, 로고스에 따르게 하는 것이었다.

4장

다이몬에 홀려서

1

소크라테스는 아테네 사람들 사이에서 페르시아전쟁 후에 해외에서 들어온 새로운 사상, 새로운 학문의 파괴적인 영향을 고스란히 드러내는 인물로 일반인들의 주목을 받았다. 이러한 혐의는 에우리피데스에게도 씌워져 있었는데, 과거부터 소크라테스를 이 비극 작가의 협력자로 보는 이야기도 이러한 연유에서 생겨났을 것이다. 하지만 소크라테스와 에우리피데스는 단순한 합리주의자 혹은 계몽가로 머무르지 않았다. 소크라테스에 관해 이야기하자면 멜레토스의 고발장이 이러한 사실을 분명히 드러낸다고 할 수 있다. 왜냐하면 소크라테스는 한편으로는 전통적인 종교를 부정하는 자라는 비난을 받으면서 다른 한편으로는 새로운 다이몬(신령)의 숭배를 도입한 일종의 종교가라는 명목으로 그 죄를 추궁받고 있기 때문이다.

물론 『구름』의 소크라테스는 예로부터 믿어온 신들을 부정하면서 다른 한편으로는 구름의 소용돌이 운동을 신으로 여기는 자이며, 다른 견지에서는 제사장이나 신관(359)으로 불리고 있다. 하지만 이미 본 것처럼 만년의 소크라테스는 자연현상만을 믿는 입장에 서지는 않았다.

따라서 소송의 이 새로운 조항에 해당하는 것으로는 다른 의미의 새로운 종교가로서의 소크라테스를 찾아야 할 것이다. 플라톤의 『에우튀프론』을 보면 그 시작 부분에서 그 또한 별종의 종교가인 에우튀프론이 소크라테스를 바실레우스 관청 앞에서 발견하고 무슨 용건으로 이런 곳에 있는지를 수상히 여기면서 멜레토스의 소송에 관해 소크라테스에게 설명을 듣는 부분이 나온다.

"청년들에게 해악을 끼친다니, 도대체 당신이 무슨 일을 했다고 그러는 겁니까?"

"내가 들은 바로는 참으로 묘한 이유라네. 내가 신들을 창작했다고 하니 말일세. 즉, 새로운 신들을 만들고 예부터 믿어온 신들을 인정하지 않기 때문에 고발한다는 것이 그들의 주장일세."

"알겠습니다, 소크라테스여. 이는 당신이 자신에게 때때로 다이몬으로부터 신호가 온다고 말하기 때문입니다. 그리고 당신이 신의 일에 관해 신묘한 짓을 하기 시작했다며 이 소송장을 쓴 겁니다. 그래서 비방할 목적으로 법정에 제출한 것일 테지요. 이런 일은 세상 사람들을 상대로 할 때는 비방하는 데 쓰기 좋다는 사실을 알고 있기 때문입니다. 왜냐하면 제 경험에도 대중이 모인 곳에 가서 신에 관한 이야기를 하고, 그들에게 앞으로 일어날 일을 예언하면 저를 미치광이 취급하며 비웃습니다. 그렇다고 해서 제가 예언한 일 가운데 진짜가 아니었던 일은 하나도 없는데, 그래도 그들은 역시 질시합니다. 당신이나 저 같은 이런 특별한 인간을 말이죠."(3A-C)

이것이 그 문답이다. 에우튀프론이 생각한 이유가 곧 멜레토스가 그를 고발한 이유인지 아닌지는 확실하지 않다. 하지만 멜레토스의 소송 내용을 대략적으로 듣고 곧바로 소크라테스의 유명한 '다이몬의 신호'를 떠올리는 사람은 비단 에우튀프론만이 아니었을 것이다. 우리는 앞에서 크세노폰의 『소크라테스 회상』의 서두에 나오는 문장을 인용했는데, 거기서도 다음과 같이 말하며 그것이 결코 신묘한 것이 아니라는 사실을 현명하게 변명하고 있다.

그가 점을 이용했다는 것은 공공연한 사실이다. 왜냐하면 주지하는 바와 같이 소크라테스는 다이몬 같은 것이 자신에게 신호를 준다고 말하고 다녔기 때문이다. 그리고 나는 이 때문에 그가 새로운 다이몬 숭배를 도입했다는 죄를 묻게 되는 지경에 이르렀다고 생각한

다. (1, 1, 2)

플라톤의『소크라테스의 변명』(31CD)에서도 이 다이몬
의 신호를 멜레토스가 소송장에서 두루뭉술하게 적어놓
았다는 식으로 말하고 있다. 소송 이유로 다이몬의 신호
가 얼마만큼 중요했을까? 플라톤이 에우튀프론을 통해
말한 것처럼 다이몬과 특별한 관계를 맺은 인간에 대한
일반인들의 혐오와 경이의 감정이『구름』에 묘사된 위험
한 사상가형의 소크라테스상이 그러했듯 소크라테스에
대한 사람들의 생각을 규정하고 이 소송 사건에 가볍지
않은 영향을 미쳤다는 사실은 부정할 수 없다. 우리는 새
로이 소크라테스의 이런 면에 주목하지 않으면 안 된다.

2

일단 이 '다이몬의 신호'라 불리는 것이 무엇인지를 처
음으로 돌아가 자세히 살펴보아야 한다. '다이몬의 신호'
혹은 '다이몬의 표지'는 플라톤이『파이드로스』(242B),『국
가』(496C),『에우튀데모스』(272E) 등에서 말하고 있는 가
장 알기 쉬운 명칭인데,『소크라테스의 변명』(31D),『테

아이테토스』(151A) 등에서는 '신호'나 '표지' 없이 '다이몬의daimonion'라는 형용사만 사용하고 있다. 여기서는 '어떤 다이몬적인 것'이라거나 '항상 나타나곤 하는 다이몬적인 것'이라는 식으로 말한다. 그리고 앞에서 인용한 『에우튀프론』(3B)에서는 가장 간단하게 '다이몬적인 것to daimonion'이라고만 표현하고 있다.

크세노폰이 『소크라테스 회상』(1, 1, 2; 4, 8, 1; 4, 8, 5)에서 사용하는 것은 모두 이 간단한 표현으로 대부분 명사화되어서 '신호를 준다'는 동사의 주어로 사용되고 있다. 하지만 '다이모니온'이 그 자체로 무언가 특별한 신령이나 정령(실체)을 나타내는 것은 고전기 그리스어의 용법이 아니다. 후대의 '다이모니온'은 '다이몬'의 변형일 거라는 말도 있다. 즉, 처음부터 명사처럼 사용되었다는 말이다. 이에 반해 고전기 그리스어에서는 원래 형용사였는데, 그것이 독립적으로 사용될 때도 '다이몬과 같은'이 '다이몬과 같은 것'으로 명사화된 것밖에 없는데, 이는 '다이몬'을 노골적으로 말하는 것을 피하고자 사용하는 경우가 많았다고 한다. 비슷한 예로 '신' 대신 '신과 같은 것 theion'이라는 표현을 사용하는 것을 들 수 있다.

어쨌든 소크라테스가 말하는 '다이몬'은 '신호'를 보충

해서 생각할 '다이몬의' 혹은 '다이몬적인'이라는 의미의
형용사로 보인다. [1] 크세노폰의 명사적인 용법에서도 항
상 '신호를 준다'라는 동사에 의해 보충되고 있다. 따라서
'소크라테스의 다이모니온'이라는 말은 일본어 책에서도
때때로 볼 수 있는데, 해석이 분분한 말이기 때문에 피하
는 편이 좋을 것 같다. 번거롭더라도 '신호'나 '표지'를 덧
붙여 보충하는 편이 알기 쉽고 본래의 뜻에도 가깝다.

3

그런데 '다이몬의 신호'나 '다이몬과 같은 것이 신호를

---

1) 멜레토스의 소송장에 나오는 '다이모니아'(복수)가 소크라테스의 '다이모니온'과 무
관하지 않다는 사실은 크세노폰과 플라톤도 인정하고 있다. 그 '다이몬 같은 것'(다이모
니아)은 본문에 인용한 『에우튀프론』(3B)에서는 간단하게 '신들'로 대체되고 있다. 하지
만 그 함의는 더욱 넓을 것이다. 『소크라테스의 변명』(27B 이하)을 보면 '세상에 인간과
관련된 일(pragmata, 실천·행위)의 존재는 인정하지만, 인간의 존재는 인정하지 않는 자
가 있을까? 말馬은 인정하지 않지만, 말과 관련된 일을 인정하는 자가 있을까?'라는 물
음 뒤에 이와 같은 선상에서 "내가 다이몬 같은 것(다이모니아)을 인정하고, 이를 가르친
다는 것이 자네의 주장일세. 그렇다면 그것이 새로운 것인지 오래된 것인지는 차치하
고, 어쨌든 자네가 하는 말에 따르면 내가 다이몬 같은 것을 인정하는 것은 틀림없고,
자네의 소송장 안에도 분명히 그렇게 표현되어있네. 하지만 다이몬과 같은 것이라는
다이몬과 관련된 것을 인정한다면 분명 또 내가 필연적으로 다이몬을 인정하고 있다
는 사실이 될 걸세"라고 말한다. 여기서도 '다이모니온'의 형용사적인 의미가 의심의
여지 없이 분명하게 표현되어있다고 할 수 있다.
'다이몬과 관련된' '다이몬에 관계하는' '다이몬적인' '다이몬과 같은' '다이몬의' 등 여러
가지로 번역되는 이 형용사에 덧붙여서 이를 보충하는 명사는 '실천·행위pragma'이며
'신호'나 '제시'는 특수한 경우라고 보아야 한다.

준다'는 말은 대체 무슨 뜻일까? 우리는 말의 세세한 부분까지 파고들어 사건 그 자체를 보기 위해 애쓰지 않으면 안 된다. 이에 대해서는 플라톤이 제시하는 설명이 가장 오래되었고 또 가장 신뢰할 만하다고 여겨진다. 하지만 이는 극히 단순하고 자세한 내용은 언급되지 않았기 때문에 우리에게는 군데군데 분명하지 않게 느껴지는 부분도 있다. 그 가운데 비교적 자세한 것은 『파이드로스』(242 B 이하)에 나오는 내용이다. 『파이드로스』에서 소크라테스는 에로스(사랑)에 관해 두 번의 토론을 한다. 하나는 변론가 뤼시아스의 논문에 나오는 것을 정리해서 되풀이해 설명하는 것으로 에로스에 대해 비판하는 내용이다. 또 하나는 에로스의 징계를 피하려고 좀 전에 했던 험담을 취소하고, 반대로 에로스를 칭찬하는 토론이다. 이 두 가지 토론 사이에 '다이몬의 신호'에 관한 이야기가 나온다. 아테네 교외에 있는 일리소스강 언저리에서 파이드로스를 상대로 이 첫 번째 토론을 끝낸 소크라테스가 그 자리를 떠나려 강을 건너고 있는데 다이몬의 신호를 받았던 것이다. 소크라테스는 말한다.

강을 건너려던 참에 늘 나에게 나타나는 익숙한 그 다

이몬의 표지가 나타났다. —그것은 늘 내가 무언가를 하려고 할 때 나를 붙잡는다— 그리고 거기서 어떤 목소리가 들려오는데 내가 신의 목소리 같은 것에 대해 어떤 죄를 범하고 있기에 스스로 그 죄를 씻을 때까지는 이곳을 떠날 수 없다고 나에게 말한 것 같다. 그런데 나는 이래 봬도 한 사람의 점쟁이다. 그다지 잘하지는 못하지만, 나에 관한 일에 한정한다면 이걸로도 족하다. 따라서 나는 이미 내가 무슨 죄를 범했는지 분명하게 안다. 영혼은 예감하는 힘을 가지고 있다. 실제로 나는 좀 전에 이야기하면서 훨씬 전부터 왠지 모를 두근거림을 느끼고 있었다. 이뷔코스의 말을 빌리자면

　나는 신들 앞에서 죄인이 되어,

　사람 세상의 영예를 얻기에 부족하네.

　이러한 연유로 침착하게 있을 수 없었다. 하지만 지금은 그것이 어떤 죄인지 분명하게 안다.

　이렇게 소크라테스는 에로스에 대해 죄를 지었다는 사실을 깨달았던 것이다.

　인용이 조금 길어졌는데 소크라테스에게 나타난 다이몬의 신호라는 것은 이처럼 실제 행위에 개입하여 그것

을 금지하는 것이었다. 그것이 하나의 목소리라는 사실은 『변명』(31CD)에도 나와 있다.

　자네들도 나에게 때때로 그런 이야기를 들은 적이 있을 터인데, 나에게는 신으로부터의 어떤 알림이나 다이몬으로부터의 표지 같은 것이 잘 나타난다네. 이는 멜레토스도 소송장에서 두루뭉술하게 써놓은 것일세. 이는 어린 시절부터 시작된 것으로, 일종의 목소리로서 나타난다네. 그리고 그것이 나타날 때는 항상 내가 무언가를 하려고 할 때 그것을 막을 뿐 무언가를 하라고 권하는 일은 어떤 경우에도 없다네.

이는 『파이드로스』에서 이야기하는 것과 대체로 일치하며 보충해야 할 것을 약간 덧붙이고 있다. 즉, 그 목소리는 어린 시절부터 시작된 것으로 언제나 금지의 소리로 나타날 뿐 적극적으로 무언가를 하라고 권하는 일은 없다고 말한다. 플라톤이 제공하는 또 다른 예에 따르면 이 금지는 크고 작은 다양한 사태에 관련하여 나타난다. 『에우튀데모스』(272E)에서도 어떤 장소를 떠나려 하는 소크라테스를 말림으로써 그를 두 명의 소피스트와 재회시킨다. 그 목소리는 소크라테스의 교우관계에도 간섭해서 특정한 인물에게 말을 거는 일조차 금지하기도 한다. 다이몬은 알키비아데스에게도 오랫동안 말 걸기를 금지했다고 한다. 하지만 그 금지가 좁은 의미의 도덕이나 논리에 관한 것이 아니었다는 사실은 위의 예를 보아도 분명하다. 구태여 해석을 붙이자면 이해득실이나 길흉화복과 관련된 것이라고 말해야 할지도 모른다.

이 이상한 신호를 소크라테스가 신 혹은 다이몬의 신호라고 해석한 것은 그것이 선의의 것이며 자신에게 도움이 되었다고 믿었기 때문일 것으로 보인다. 이 점에서 크세노폰의 『소크라테스 회상』(4, 8)에 '만약 그가 말하는 것처럼 다이몬과 같은 것이 그에게 해야 하는 일과 하지 말아야 하는 일이 무엇인지 미리 신호를 준다면 그가 재판장에서 사형 선고를 받았다는 사실은 이에 모순되며, 그가 다이몬의 신호에 대해 하는 말은 거짓말이라는 사실을 입증하는 것이다'라는 비판이 제기되었다는 사실이 흥미롭다. 이런 비판은 사형이라는 최악의 결과를 피하지 못했다는 이유로 다이몬의 신호의 유효성을 부정한 것인데, 이는 반대로 다이몬의 신호가 유효성을 가지고 소크라테스에게 도움이 되었어야 한다는 사실을 입증했

어야 했다는 주장이다. 실제로 크세노폰의 변명도 결국
은 다이몬의 신호가 소크라테스에게 좋은 것이었다는 사
실에 대한 변증인 셈이다. 나중에 볼 수 있겠지만 이것은
플라톤의 해석과도 일치하는데, 이는 아마도 소크라테스
본인의 생각이기도 했을 것이다. 그에게 사형은 최악의
사건이 아니었다. 플라톤이나 크세노폰이 이해하는 다
이몬의 신호는 시종일관 어떤 좋은 결과를 낳는 것이 아
니면 안 되었다.

4

그런데 이 신호는 어떤 방법으로 전달되었을까? 앞에
서 말한 '다이모니온'이라는 표현에서도 알 수 있듯이 직
접 소크라테스에게 주어지는 것은 '신호'이자 '표지'이며,
'다이몬의'라는 표현은 이를 나타내기 위한 것이다. 소크
라테스 안에 어떤 특별한 정령이 살고 있어서 그것이 직
접 지시를 내린다는 상상은 '다이모니온'에 대한 후대의
해석이며, 플라톤이나 크세노폰의 증언에서는 찾아볼 수
없다. 따라서 신호 그 자체는 평범한 생리현상이어도 되
는 것이다.

플루타르코스의 『소크라테스의 수호신』(11)이라는 대화편 안에는 메가라학파의 테르프시온에게서 유래된 이야기라고 하면서 소크라테스가 말하는 다이몬의 신호가 '재채기'였다는 설이 소개되어있다. 즉, 그것이 오른손 혹은 앞이나 뒤에서 재채기할 때는 그대로 행동을 해도 되지만, 재채기가 왼편에서 들렸을 때는 행동을 그만두었다는 것이다. 그리고 자신의 재채기도 어떤 것은 장래를 보증하며 다른 것은 하기 시작한 일을 중지시켜서 하려고 하던 일을 방해했다고 한다.

물론 이런 설은 오늘날의 우리에게는 그저 기괴한 이야기로만 들린다. 로마 시대의 지식인들에게도 이는 받아들이기 어려웠다. 플루타르코스의 책 안에서도 우연히 밖에서 들린 재채기 소리에 따라 우왕좌왕하는 것은 항상 확고한 신념을 관철했던 소크라테스의 실천과 일치하지 않으며 또 재채기 따위를 신경 쓰면서 남들에게는 다이몬의 목소리를 들었던 것처럼 말하는 것 역시 정직하지 못한 태도로, 소크라테스라는 인물과는 맞지 않는다는 지당한 비판을 가하고 있다. 여기서도 재채기설을 들먹일 생각은 없다. 하지만 한편으로는 재채기가 미개 사회에서는 종종 어떤 일의 전조로 받아들여졌다는 사실까지 간과할 수는 없다. 그리스인의 세계에서도 호메로스의 『오디세이아』(17, 541)나 크세노폰의 『아나바시스』(3, 3, 9) 등에서 그 실례를 찾을 수 있다. 따라서 소크라테스가 재채기를 하나의 전조로 받아들였다고 해도 어쩌면 전혀 이상한 일이 아닐지도 모른다. 다만 그런 흔하디흔한 구식 전조가 왜 소크라테스의 경우에만 특별 취급을 받고, 앞에서 에우튀프론이 말했듯이 세상 사람들에게 질타를 받아야만 했는지가 오히려 의문이다. 바로 그러한 사실이 다이몬의 신호에 관해 설명을 해야만 하는 이유 가운데 하나다.

우리는 여기서 한 번 더 『파이드로스』에 나온 말을 떠올릴 필요가 있다. 거기서 소크라테스는 '나는 이래 봬도 한 사람의 점쟁이다. 그다지 잘하지는 못하지만, 나에 관한 일에 한정한다면 이걸로도 족하다. 따라서 나는 이미 내가 무슨 죄를 범했는지를 분명하게 안다'라고 말하고 있다. 여기서 '점쟁이'는 무슨 뜻일까? 그는 강을 건너 다른 곳으로 가려고 하고 있었다. 그때 다이몬의 표지가 나타나 그는 '신과 같은 것에 대해 어떤 죄를 범하고 있기 때문에, 스스로 그 죄를 씻을 때까지는 이곳을 떠날 수 없다'라고 하는 목소리를 '들은 것 같았던' 것이다.

여기서 그는 무엇을 점치고, 무엇을 깨달았던 것일까? 에로스 신에 대해 비방의 죄를 지었다는 사실을 깨닫는 것이 그 결말이다. 당연히 점쟁이는 전조를 해석하는 사람이다. 다이몬이 도하渡河를 중지하는 신호를 보낸 것은 하나의 전조라고 보아야 한다. 거기에서 에로스에 대한 죄를 깨닫는 것은 점쟁이의 해석에 속한다고 볼 수 있다. 하지만 그 사이에 그는 신과 같은 것에 대해 죄를 지었기 때문에 스스로 그 죄를 씻을 때까지는 이곳을 떠나서는 안 된다는 목소리를 들었다고 생각한 것이다.

그런데 여기서 직접적으로 이렇게 말하는 목소리를 들은 것인지, 아니면 '들었다고 생각했다'라고 했으므로 그 자신이 그런 의미를 부여해서 목소리를 들었다고 한 것인지는 확실하지 않다. 하지만 만약 '신과 같은 것에 대해 어떤 죄를 범하고 있기에 스스로 그 죄를 씻을 때까지는'이라고 그 목소리가 분명하게 말했다면 이 경우 그것이 에로스에 대한 죄라는 사실을 깨닫는 것은 평범한 판단력을 가진 사람이라면 누구나 할 수 있는 일이며 점쟁이의 능력을 특별히 필요로 하지 않았을 것이다. 소크라테스는 에로스를 비판하는 이론을 펼치고 있을 때 이미 가슴이 두근거려 막연한 불안을 느끼고 있었다. 그리고 재채기 같은 단순한 신호를 하나의 경고로 받아들였다. 이를 어떻게 해석하느냐가 점쟁이로서의 소크라테스의 역할이 되는 것이고, 여기에는 적확한 판단력이 필요하다. 하지만 이는 주어진 정보를 바탕으로 정세를 판단하는 실무가의 판단력과도 공통되는 것으로 역사가가 주어진 사료에 근거해 역사적 사실을 구성하는 경우의 종합적인 판단력도 이와 다르지 않을 것이다. 따라서 뛰어난 문답가였던 소크라테스가 꽤 괜찮은 점쟁이였다고 해도 특별히 이상한 것은 없다. 그의 점쟁이로서의 일은 다이몬의 신호가 주어지기 이전부터 이미 가슴 두근거림이라는 예감으로 시작되었다. 하지만 그는 항상 그렇듯 비꼬아서 자신은 그다지 잘하지는 못하지만, 자신에 관한 일에 한정한다면 이걸로도 족하다고 말하고 있다.

5

그런데 소크라테스가 말하는 다이몬의 신호가 이러한 것이며 점쟁이로서의 소크라테스의 지위가 이러한 적극성을 띠고 있다면 우리는 소크라테스의 다이몬에 대한 일종의 자유, 혹은 자주성을 인정할 수 있게 된다.

이는 소크라테스의 행동을 이해하기 위해 매우 중요한 부분이 될 것이다. 그리고 합리주의자에 속하는 소크라테스가 다이몬과 함께 살 수 있는 이유에 관해서도 이해할 길을 열어준다고 할 수 있다. 하지만 이것들에 관해 이야기하기 전에 크세노폰의 증언을 통해 한 번 더 소크라테스의 점쟁이적인 지위를 확인해보자. 우리는 앞에서 크세노폰이 소크라테스를 변호하기 위해 그가 제단에 희생을 바치며 점을 이용했다고 주장한 문장을 인용했는데, 그가 말한 것이 바로 다이몬의 신호였던 셈이다.

그가 점을 사용한 것은 공공연한 사실이다. 왜냐하면 주지하는 바와 같이 소크라테스는 다이몬과 같은 것이 자신에게 신호를 준다고 말했기 때문이다. 하지만 그렇다고 해서 그가 새나 인간의 말이나 징조나 희생을 통해 신의 뜻을 묻는 다른 사람들과 비교해 그들 이상으로 새롭고 기묘한 세계로 인도한 것은 아니었다. 왜냐하면 이 사람들 역시 새나 지나가는 사람이 점에 의존하는 이에게 도움이 된다고 생각한 것이 아니라, 신들이 이런 것들을 통해 자기 뜻을 나타낸다고 생각하는 것일 뿐이기 때문이다. 소크라테스가 믿었던 것도 그런 것이었다.

다만 일반인들은 금지당하거나 권유받는 것을 새나 지나가는 사람 탓으로 돌리지만, 소크라테스는 자신이 아는 것을 말하며, 다이몬과 같은 것이 표식을 보인다(신호를 준다)고 했던 것이다.

우리는 이 설명을 통해 크세노폰 역시 소크라테스가 말하는 다이몬의 신호가 다른 사람들이 새나 인간의 말이나 자연현상이나 희생 동물의 내장 등을 보고 친 점과 같은 종류의 것으로 생각했다는 사실을 알 수 있다. 또한 나 역시 주어진 표지와 그 신호를 보낸 다이몬을 구별해야 한다고 생각한다. 소크라테스에게 그 신호는 하나의 목소리였다고 한다. 다른 점에서는 새소리나 인간의 말이 어떤 신호로 여겨졌다는 사실은 크세노폰의 『소크라테스의 변명』(12)에서 말하는 대로이며, 크세노폰은 소크라테스가 들은 목소리도 이런 종류라고 말한다. 플라톤의 『변명』(31C)의 옛 주석에는 이를 에코(메아리)의 일종으로 보는 견해도 소개되고 있다. 우리는 앞에서 재채기설을 부정했지만, 이 설도 전혀 엉뚱한 이야기는 아니며 하나의 올바른 방향을 가리키고 있다고 할 수 있을 것이다. 헤라클레이토스(fr. 93)는 '델포이에 모셔진 중요한 신들은 노골적으로 말하거나 숨기는 대신 증표를 보인다'라고 말했는데 소크라테스의 신 역시 그랬다고 말할 수밖에 없다. 그가 점쟁이가 되고, 해석자가 되고, 신관이 되어야만 했던 까닭은 바로 거기에 있다. 그런데 그가 종교적 이단이라는 의심을 받은 것은 이 때문이다.

6

『파이드로스』(242C), 『소크라테스의 변명』(31D) 등에는 다이몬의 신호가 항상 금지 명령이었다고 명기되어있다. 다이몬의 신호는 '항상 무언가를 하려고 할 때 그것을 막는 것이며 무언가를 하라고 권하는 일은 어떤 경우에도 없다'라고 말한다. 플라톤이 제시하는 사례 역시 모두 금지 명령을 보여준다. 하지만 이 부분이 크세노폰에게서는 조금 애매해진다. 앞에서 인용한『소크라테스 회상』(1, 1, 4)의 문장을 보면 다른 점에서는 새나 인간의 말에 의해 '금지'를 명할 뿐 아니라 '권유'하는 일도 있다고 말하고 있는데, 소크라테스도 무언가 그것과 비슷하게 말하고 있는 듯한 인상을 준다. 왜냐하면 이어지는 문장에서 다음과 같이 말하기 때문이다.

그리고 많은 동료에게도 미리 어떤 일은 하라고 하고, 어떤 일은 하지 말라고 권하곤 했다. 다이몬과 같은 것이 미리 그러한 신호를 주는 것처럼 말이다. 그리고 그의 말을 따르는 자는 득을 보고, 따르지 않는 자는 후회를 하게 되었다.

마치 다이몬의 신호가 금지 명령에 한정되어있지 않는 것처럼 보인다. 또 이 책 제4권(8, 1)에서도 소크라테스의 다이몬의 신호에 대해 부정적인 입장을 보이는 비판자는 소크라테스가 자신에게는 해야 할 일과 하지 말아야 할 일을 미리 신호로 알려준다고 주장하지만, 그가 법정에서 사형을 선고받았다는 것은 그 신호가 도움이 되지 않았다는 사실을 보여주는 것이 아니냐고 말한다. 물론 이는 이해가 부족한 외부 비판자의 말이기 때문에 큰 의미를 둘 필요는 없을 것이다. 하지만 어찌 되었든 다이몬의 신호가 '하지 말아야 할 일과 더불어 해야 할 일'에도 영향을 끼치고 있다는 것이 소크라테스 자신의 주장인 것처럼 해석되어왔다. 이것은 플라톤의 완전히 다른 이해와 어떻게 조화를 이룰 수 있을까? 플라톤의 입장에서 말하자면, 신호를 긍정·부정으로 확대하는 것은 당연히 용납할 수 없는 일이다. 하지만 학자에 따라서는 그러한 입장은 플라톤의 특수한 철학적 해석에 의한 것이 아니냐고 의심하는 사람도 있다. 하지만 그것 역시 단순한 의혹 제기일 뿐 소크라테스의 다이몬이 무언가 적극적인 행동을 권하는 실례는 들고 있지 않다. 따라서 이와 같은 학자적 의심은 큰 의미가 없는 것 같다.

앞선 크세노폰의 문장을 다시 읽어보면 이는 플라톤의 증언과 꼭 모순된 것만은 아니라는 사실을 알 수 있다. 왜냐하면 소크라테스가 동료들에게 무언가를 하라고 권유하거나 혹은 하지 말라고 말하는 일이 실제로 있었을 것으로 보이는데, 그에 앞서서 다이몬의 신호가 있었는지는 크세노폰의 문장도 애매해서 확실하게 단정할 수 없다. '다이몬과 같은 것이 미리 그러한 신호를 하는 것 같다'는 문장을 반드시 다이몬이 긍정과 부정의 신호를 줬다는 의미로 해석하기는 어렵기 때문이다.

소크라테스가 적극적으로, 혹은 부정적으로 말하거나 행동하는 데 다이몬의 신호가 '반드시' 적극적인 것과 금지적인 것으로 나뉠 필요는 없다. 앞에서 '재채기'설을 설명할 때도 암시했던 것처럼 다이몬이 금지적으로만 신호를 준다면 그것이 나타나지 않는 한 무엇이든 허용된다고 생각해 소크라테스는 자신이 괜찮다고 생각하면 뭐든지 말하거나 행할 자유를 가지고 있었다. 따라서 다이몬의 신호가 일방적 금지 명령이었다 해도 소크라테스의 언행은 긍정과 부정의 양면을 얻었을 수 있었다. 만약 다이몬의 신호까지 항상 긍정과 부정으로 나뉘어있었다면 얼마나 번잡스러웠을까? 그리고 그 결과 소크라테스는 다이몬의 완전한 로봇이 되어 언행의 자주성과 자유가 없었을 것이다.

이러한 소크라테스는 한 사람의 인간으로서의 의미도 완전히 잃어버려 우리의 흥미를 전혀 끌지 못하는 존재가 되었을 것이다. 따라서 플라톤의 증언은 일부 학자가 의심하듯이 특수한 철학적 해석에 바탕을 둔 창작이 아니라 오히려 의미 있는 유일한 가능성을 보여주고 있다고 할 수 있다. 이에 반해 크세노폰의 증언은 표현이 애매하고, 이해가 부족한 비판자의 주장을 소개하는 데 그치기 때문에 별로 중요하지 않다. 하지만 일단 그 증언을 존중하는 측면에서 보면 앞에서 이야기한 것처럼 다이몬이 어떤 신호도 주지 않는 경우, 소크라테스가 자신이 판단하기에 좋다고 생각하는 것은 그대로 다이몬이 인정하고 허가하며 권하고 있는 것이라고 해석하면 되기 때문에 플라톤의 증언과도 특별히 모순되지 않는다.

7

또 한 가지, 크세노폰이 하는 말 가운데 특별히 주의해야 하는 점은 소크라테스가 다이몬의 신호를 자기 자신을 위해서뿐 아니라 주위 사람들을 위해서도 활용하고 있었다는 사실이다. 만약 소크라테스의 다이몬이 다른 사람들의 이해관계나 화복에도 어떤 전조와 같은 것을 보여주었다면 점쟁이로서의 소크라테스는 점점 델포이 신관神官과 비슷해지므로 멜레토스가 말하는 '새로운 다이몬 숭배'는 결국 사실이 되고 말 것이다.『파이드로스』에서 하는 말이 소크라테스의 진의라고 한다면 그가 스스로 점쟁이라고 말하는 것은 그저 자기 한 사람에게 적용되는 것일 뿐, 이를 확장해서 세간의 직업적인 점쟁이가 되는 것은 그가 원하는 일이 아니었다고 볼 수 있다. 문제는 그가 아주 가까운 지인들을 위해 점쟁이가 되는 일이 전혀 없었는지 여부일 것이다. 플라톤 위작『테아게스』(128D 이하)에서는 소크라테스 자신이 "신이 하사하시어 나에게는 어린 시절부터 다이몬과 같은 것이 따라 다닌다. 그것이 하나의 목소리로 나타날 때는 항상 나를 향해 내가 막 하려 하는 일을 막는 신호를 주고는 한다. 하지만 무언가를 하라고 권하는 일은 결코 없다. 그리고 친구 중 누군가가 나에게 상담을 청해왔을 때 그 목소리가 들릴 때에도 마찬가지로 금지하고 행동을 허용하지 않는다"라고 말하며 구체적인 몇 가지 예를 들고 있다. 그것은 소크라테스의 다이몬이 금지했는데도 불구하고 올림피아제전에 참가할 준비를 한 카르미데스와 어떤 암살 계획에 휘말린 티마르코스에게 닥친 불행한 결과, 그리고 에테네의 시켈리아 원정에 관한 예언 등인데, 물론 우리는 소크라테스의 이와 같은 공적 이야기를 믿을 수는 없다. 『테아게스』가 위작이라고 평가받는 이유도 아마 이처럼 자화자찬하는 부분이 소크라테스와는 어울리지 않기 때문일 것이다.

하지만 크세노폰에게서 비롯된 이러한 유형의 구전 성립을 이해할 수 없는 것만은 아니다. 앞에서 인용한 『테아이테토스』(150D 이하)의 산파술에 관한 설명을 보면 소크라테스와 만난 사람이 특별히 소크라테스에게 무언가를 배우는 것이 아닌데도 그 만남이 진행됨에 따라 놀랄 만한 진보를 이룬다는 사실이 언급되어있다. 즉, 소크라테스와의 관계에 따라 사람들이 득을 보는 경우가 많았던 것이다. 그런데 이런 만남 혹은 관계는 앞에서도 말했듯 다이몬의 명령에 의해 어떤 사람에게는 허용되고, 다른 사람에게는 거부된다. 따라서 소크라테스의 동료들은 모두 다이몬에 의해 거부당하지 않았으며 소크라테스로부터 이득을 얻는 일이 허용된 사람들이라고 볼 수 있다. 소크라테스가 그들을 위해 여러 가지 충고를 했을지도 모른다. 이를 두고 크세노폰이 그랬던 것처럼 모두 다이몬의 신호에 따른 것이라고 해석하는 것이 어쩌면 자연스러운 결과일지도 모른다. 소크라테스에 대한 신뢰가 깊었던 사람들 사이에서는 점쟁이로서의 소크라테스가 뛰어난 예언자이며 그 언행을 기적으로 생각하는 것이 오히려 당연하다.

『테아게스』의 끝부분에는 소크라테스의 지도를 받고 여러 가지 이익을 얻으려면 우선 다이몬과 같은 존재에게 허가를 받아야 하므로 기도든 희생이든 뭐든지 바치겠다고 하는 테아게스의 열정적인 모습이 그려진다. 여기에서 소크라테스의 다이몬은 이미 제사의 대상이 되어 있고, 그 주위에 신자들을 모으기까지 했다. 만약 위작이라고 불리는 이 책에 담긴 내용이 사실이라면 멜레토스의 고발은 사실적 근거에 바탕을 두었다고 할 수밖에 없다. 하지만 이것이 가능했을지는 모르지만 사실은 아니었을 것이다. 플라톤은 소크라테스와의 관계에서 이러한 현세적, 일상적인 이익을 조금도 기대하지 않았고, 소크라테스의 다이몬에 대해서도 맹신적인 태도를 조금도 보이지 않고 있다. 『테아이테토스』(141C)의 앞부분에서 다루고 있는 소크라테스의 예언적 능력에 관한 이야기에서도 특별히 신비로운 느낌은 없다. 플라톤의 이런 소극적인 태도는 지나치게 지성적이라고 평가받을지 모르지만, 실제 소크라테스도 이렇게 자제하는 모습을 보였을지도 모른다. 플라톤 같은 사람을 사로잡은 소크라테스는 통속적 종교인은 아니었을 것이다.

8

그런데 다이몬은 역시 까다로운 존재여서 우리의 상식으로는 쉽게 정리할 수 없어 보인다. 우리는 지금까지 소크라테스에게 나타나는 다이몬의 신호를 하나의 기정사실로 어느 정도 다 아는 것처럼 이야기해왔다. 하지만 잘 생각해보면 그것은 기묘하고 불가사의한 일이다. 하지만 이를 그저 기묘한 일, 불가사의한 일이라고만 한다면 이는 우리와는 전혀 무관한 다른 세계의 일이 되고, 우리는 외부에서 냉담하게 바라보는 방관자가 될 것이다. 어쩌면 그 옆을 아무런 공감 없이 그대로 지나쳐 가게 된다고 말해야 할지도 모른다. 하지만 여기에 머무는 것은 소크라테스라는 사람을 이해하는 일을 포기하는 것이라고 할 수 있다. 소크라테스의 다이몬이란 어떤 것이었을까? 이것을 처음부터 다시 한번 생각해보아야 한다.

이미 보았듯이 다이몬은 외부에서 소크라테스의 언행에 개입한다. 다이몬이 개입하면 그는 자신이 지금까지 한 생각, 한 일, 한 말을 중단하고 지금까지와는 다른 말과 행동을 해야 한다. 이러한 단절을 우리 역시 경험한다. 문득 전혀 다른 생각이 떠오르거나 중요한 순간에 정작 그 일을 잊어버리는 것은 우리에게도 종종 일어나는 일이다. 그리스인은 이럴 때 다이몬의 개입을 생각하는 경우가 많았다.

오디세우스는 추운 밤에 무심코 외투 없이 밖에 나갔는데 이를 다이몬 탓으로 돌리고 있다. '다이몬적인'(다이모니오스)이라는 형용사는 꽤 오래전부터 사용되었는데, 이는 사람이 다이몬에 의해 평소와는 달리 어떤 일을 매우 잘해내거나 혹은 반대로 엄청난 실수를 했을 때 자주 사용되는 단어였다. 즉, 인간의 행위가 아니거나 예삿일이 아닌 느낌이 이 단어를 낳은 것이다. 그리스인의 세계는 언제나 이와 같은 다이몬의 개입이 있는 세계라고 할 수 있다. 호메로스의 이야기에서 볼 수 있는 신들의 간섭은 단지 문학상의 방편으로써 시인이 만들어낸 이야기가 아니다.

『일리아스』의 앞부분에서 아킬레우스는 아가멤논 왕과 언쟁하다가 격분한 나머지 그에게 덤벼들려 했는데 아테네 여신이 이를 거칠게 막는다. 이것도 우리가 흔히 자제라고 부르는 심리를 외적인 일로 치환하여 생각하는 옛사람들의 사고방식을 반영하고 있는 것으로, 시인이 창작한 문학적 허구일 뿐이라고는 할 수 없다. 시인은 개별화된 문학가가 아니라 항상 사람들과 함께 공유하는 과거의 영웅들 이야기를 하고 있었다. 이러한 이야기를 듣는 사람들은 글라우코스가 황금 갑옷을 청동 갑옷과 바꾸는 것 같은 터무니없는 거래를 한 것도, 헬레네가 알렉산드로스와의 불행한 사랑을 선택한 것도 모두 신들의 개입에 의한 것이라고 순순히 받아들이는 심리적 세계에 살고 있었다고 생각하지 않을 수 없다.

호메로스의 이야기에서 지금 말한 것 같은 신들의 개입이 종종 언급되었는데, 학자들은 이야기 속 인물이 신들보다 오히려 다이몬에 관해 이야기할 때가 많다는 사실에 주목한다. 예를 들어 『일리아스』 제15권(461 이하)에서는 활의 명수인 테우크로스가 활시위가 끊어진 것에 놀라 다이몬의 소행이 아닐까 두려워하지만, 시인이 밝히는 바에 따르면 이는 제우스가 한 일이다. 이 엇갈림의 이유에 관해서 여러 가지로 생각해볼 수 있는데 다이몬의 소행이라고 보는 것은 옛날부터 이어져 온 사고방식이고, 올림푸스 신들의 지배는 시간적으로 뒤에 덧붙여진 새로운 사건으로 후대의 사고방식을 나타내는 것이라고 볼 수 있다. 그리스인이 말하는 다이몬은 아직까지 의인화되지 않은 가장 원시적인 형태의 종교적 대상이었다고 할 수 있다. 올림푸스 신들은 그들 사이에서 태어나고 확실한 형태와 이름, 역할을 가지게 되었지만, 그것으로만 한정시킬 수 없는 어떤 막연한 것이 다이몬의 이름과 함께 나중까지 생명력을 보존했던 것 같다. 따라서 소크라테스의 다이몬도 그런 넓은 의미로 생각해야 한다. 미친 듯이 화를 내는 아킬레우스의 행동은 아테네 여신이 말렸지만, 소크라테스의 행동은 다이몬의 신호가 개입하여 저지했던 것이다.

9

우리의 의식이나 언행이 연속적인 통일체를 이루지 못하고, 드문드문 절단되어 우리의 통제력이 미치지 않는 어떤 것이 뜻밖의 생각이나 감정을 불러일으킨다는 것은 왠지 불쾌한 일이다. 그런데 이것은 우리가 의식이나 밖으로 드러난 언행만으로 하나의 연속성을 만들려고 하기 때문이다. 어떤 무의식의 세계 즉 의식 아래에 있는 세계를 염두에 두고 우리의 언행을 생각할 때, 어쩌면 더 큰 통일과 조화를 발견하게 될지도 모른다. 우리 의식의 밑바닥에는 우리에게 들키지 않고 여러 가지 생각이 오가고 있다. 이는 깊은 산속에서 이름 모를 작은 새가 잠시 어떤 나뭇가지에 머무르다가 또 어딘지 모를 곳으로 날아가 버리는 것과 같은 일인지도 모른다. 그런데 그 파문이 우리를 생각지도 못한 파멸로 몰고 가지 않는다는 보장은 없다. 이것이 우리의 일상이지만 생각해보면 꽤 섬뜩하다.

그리스인이 신들이나 다이몬과 함께 살았던 것은 우리

가 우리의 언동이나 의식을 콤플렉스나 리비도로 설명하거나 사회 구조나 계급 관계의 대립으로 결정된다고 생각하는 것과 크게 다르지 않았던 것이다. 그리고 우리가 그들에 비해 얼마나 더 현명한지도 적잖이 의문이다. 우리의 존재는 우리가 의식하고, 언행으로 드러내는 것보다 훨씬 깊은 곳에서부터 성립한다. 따라서 우리의 생활은 언제나 생각지도 못한 방식으로 중단되고, 그 통일성을 잃을 위험에 노출되어있다. 우리는 이 불안을 해결하기 위해 신화적인 설명을 도입했고, 지금은 과학적인 느낌이 드는 단어로 바꾸어 말하는데, 우리의 존재는 그러한 설명보다 더욱 깊은 것이 아닐까 싶다. 우리가 소크라테스의 다이몬에 관해 느끼는 것도 존재의 그러한 깊이이며, 그런 깊은 곳에서부터 호소하는 듯한 무언가가 아닐까?

그리스인들은 다이몬의 개입에 의한 어떤 이상한 언행을 일시적인 광기, 혹은 발광으로 보았다. 즉, 이런 행동을 할 때 사람은 자기 자신을 잊어버리고 어떤 신들린 상태에 들어간다고 생각했다. 하지만 이 신들림은 그들에게 신탁을 전달했다. 소크라테스에게 다이몬이 어떤 방법으로 신호를 주었는지는 앞에서도 조금 언급했지만, 자세한 것은 알려지지 않았다. 하지만 소크라테스 역시 신들림 같은 것과 전혀 인연이 없는 사람은 아니었던 것 같다. 『파이드로스』(238C)의 예도 불가해한 문학적 허위라고만 단정할 수는 없을 것이다. 플라톤의 『향연』(174D-175C)을 보면 아가톤의 집에 초대받아 가던 소크라테스는 중간에 혼자 어떤 생각에 잠겨 일행들과 떨어졌다. 사람들이 멈춰 서서 그를 기다렸지만, 그는 일행에게 먼저 가라고 말한다. 그 말을 들은 일행이 그를 두고 아가톤의 집에 갔는데 소크라테스가 좀처럼 오지 않았다는 이야기가 나온다. 아가톤은 상황을 파악하려 하인을 보냈는데 소크라테스가 '이웃집 현관 앞에 서서 불러도 집으로 들어오려 하지 않았다'고 보고했다. 아가톤은 묘한 생각이 들어 또다시 하인을 시켜 부르려 했더니 다른 손님이 이를 말리며 "상관 말고 놔두시게. 그 사람의 버릇일세. 혼자 떨어져서 아무 곳이나 멈춰 서는 일이 때때로 있다네"라고 설득했다. 그로부터 꽤 시간이 지나 식사가 거의 반쯤 진행되었을 무렵이 되어서야 소크라테스는 모습을 드러냈다. 그런데 다른 손님의 말에 따르면 이것이 평소보다는 오래 기다리지 않은 편이라고 한다. 우리는 이렇게 오랫동안 기다린 예를 같은 책 『향연』(220C 이하)의 알키비아데스의 이야기 가운데서도 발견할 수 있다. 기원전 432년 포티다이어 포위전에 소크라테스가 출정했던 때의 일이었다.

그는 아침부터 한곳에 선 채로 뭔가 골똘히 생각에 잠겨있었는데, 별 진척이 없었는지 계속해서 그 자리에 서 있었다. 어느덧 정오가 되어 그것을 알아차린 사람들이 밖으로 나왔다. 그들은 놀라며 소크라테스가 아침부터 무언가를 생각하며 그 자리에 서 있다고 두런두런 이야기했다. 이오니아에서 온 어떤 사람들이 저녁이 되어 식사를 마친 후, 짚으로 만든 요를 밖으로 내어와 시원한 바깥 공기를 쐬며 옆으로 누워서 소크라테스가 밤에도 서 있을지 지켜보기로 했다. 여름이었던 것이다. 소크라테스는 아침이 되어 태양이 떠오를 때까지 그곳에 서 있다가 태양에 기도를 올리고는 그 자리를 떠났다.

우리가 여기서 보는 것은 도대체 무엇일까? 알키비아데스는 이를 소크라테스의 놀랄 만한 인내력을 보여주는 사례로써 들고 있는데, 같은 예를 이 대화편의 앞부분에서 꺼낸 플라톤의 생각은 달랐을 것이다. 우리가 여기서 보는 것은 소크라테스는 '항상 사람들이 보이는 곳에 있었고, 대개는 토론하고 있었다. 그것은 누구든 들으려고 하면 들을 수 있었다'는 크세노폰의 증언과는 아무래도 달라 보인다. 사람들에게서 떨어져 혼자 생각에 잠겨서는 다른 사람이 말을 걸어도 대답조차 하지 않는 다소 기묘한 소크라테스의 일면이라고 할 수밖에 없다. 그 외에도 우리가 소크라테스의 이런 모습을 또 볼 수 있을까? 알키비아데스는 포티다이어에서 소크라테스가 '무언가 생각하면서(프론티존) 서 있었다'라고 말했다. 아리스토파네스가 소크라테스를 '프론티스테리온'(phrontisterion, 사색소)의 주인이라고 한 것은 어쩌면 소크라테스의 이러한 버릇 때문이었는지도 모른다.

소크라테스 학교의 입구에서 그는 스트레프시아데스의 부름을 좀처럼 듣지 못하고 낚시 바구니 위에서 '먹구름을 밟고, 생각을 태양 주위로 보내고'(225) 있었다고도 한다. 또, 소크라테스가 하늘을 향에 입을 벌린 채로 서 있어서 도마뱀이 입안에 오줌을 쌌다는 이야기(171-3)도 자기 자신을 잊을 만큼 생각에 잠긴 소크라테스의 우스꽝스러운 모습을 보여주는 이야기라고 할 수 있다. 그런데 이 몰아적沒我的 몰두의 내용은 과연 무엇이었을까?

10

알키비아데스는 그것을 무언가에 대한 탐구 혹은 고찰로 보고 있다. 그렇다면 왜 다른 사람들과 문답을 통해 이를 탐구하고 고찰하지 않았던 것일까? 스스로 생각한다 해도 그것은 대개 플라톤이 말하듯 자기 자신과의 침묵의 대화가 될 뿐이다. 타인과 대화하며 더 깊이 천착하는 데에 특별한 어려움이 있을 것 같지는 않다. 하지만 소크라테스는 이를 다른 이들과 공유하려 하지 않았고 또, 숙고가 끝난 후에도 그 내용을 다른 사람들에게 들려줄 생각조차 없었다. 그는 마치 그러한 멈춤의 시간이 없었던 것처럼 그것에 관해 한 마디 설명도 하지 않고 평소의 생활로 돌아오곤 했다. 도대체 무슨 일일까? 소크라테스의 이 멈춤은 통상적인 명상이나 사색이 아닌 것처럼 보인다.

칼키디우스는 플라톤의 『티마이오스』에 관한 주석(253)에서 소크라테스의 다이몬이 백일몽의 일종이 아니었을까 하는 가설을 제기한다. 즉, 잠을 자는 것이 아니라 '눈을 뜨고 있는 자에게 천상의 주인이 분명하게 무언가를 경이로운 모습과 목소리로 명령하거나 금지하면서 자신을 눈앞에 드러내는'(254) 장면의 하나가 아닌가 추정하는 것이다. 이것도 다이몬에 관한 흥미로운 해석이지만, 다이몬의 신호가 이러한 것이라면 그것은 항상 하나하나 구체적인 명령의 형태를 취할 것이기에 단순한 신호가 아니게 되고, 소크라테스가 이를 해석할 필요도 없어진다. 그런데 그것이 어디까지나 단순한 신호이자 표지인데다가 금지만 했다면 이는 단순한 상징으로 충분해야 했잖다. 따라서 백일몽설은 다이몬에 관한 해석으로는 역시 의문점을 남긴다. 그런데 정말로 『향연』에서 말하는 것처럼 소크라테스의 중단적 몰아 상태를 백일몽에 가까운 것으로 생각할 수는 없을까? 소크라테스가 갑자기 사람들에게서 떨어져 나와 어디서든 멈춰 서고, 어떤 생각을 하다가 자기 자신조차 잊어버리는 것은 결국 외부적 요인에서 비롯된 것이고 소크라테스가 스스로 어떤 문제를 생각하는 경우와는 다른 것이 아닌가 싶다는 말이다. 이것은 오히려 다이몬의 신호와 닮았다고 할 수밖에 없다. [2] 하지만 그 상태가 장시간 동안 이어진다는 점에서 다이몬의 신호와는 구별해야만 한다.

---

2) 플루타르코스의 『소크라테스의 수호신』(De genio Socratis 10, 580 DF)에는 소크라테스가 친구들과 농담을 하면서 길을 걷다가 갑자기 멈춰 서서 무언가를 골똘히 생각하다가, 이윽고 친구들을 따라가 지금 다이몬의 신호가 있었으니 그쪽 길로 가지 말라고 붙잡는 이야기가 나온다. 이는 일반적으로 소크라테스의 명상이라고 여겨지는 것이 다이몬의 신호와 동일시되고 있는 흥미로운 예라고 할 수 있다.

우리는 여기서 소크라테스가 꿈을 통해 계시를 받는 사람이라는 사실을 다시 떠올려야 한다. 『크리톤』(44A)을 읽은 사람은 꿈에 하얀 옷을 입은 여성이 나타나 소크라테스가 죽는 날을 알려주는 부분을 떠올릴 것이다. 또, 『파이돈』(60E)에서도 '음악을 만들고, 음악을 업으로 삼으라'는 명령이 몇 번이나 꿈을 통해 소크라테스에게 전달되었다는 사실을 알 수 있다. 여기서도 소크라테스는 일종의 점쟁이이며 이 꿈의 계시를 '철학이야말로 최고의 음악'이라고 생각해 자신이 해온 일에 대한 격려라고 해석했는데, 감옥 안에서 새삼스레 이 꿈을 다시 생각하고 말 그대로 음악을 권유한 것일지도 모른다며 작곡을 시작했다. 즉, 꿈의 계시는 반드시 한 가지 뜻만 있는 것이 아니기에 경우에 따라서는 해석을 필요로 했던 것이다. 『크리톤』의 꿈의 계시도 '3일째 되는 날, 윤택한 프체 땅에 도착할 것이다'라는 시구였다. 따라서 우리는 꿈의 계시와 다이몬의 신호가 전조로서는 같은 맥락이었다고 생각할 수 있다. 또, 백일몽설에도 많은 함축적 진실이 담겨있었다는 사실을 인정해야 한다. 하지만 다이몬의 신호는 항상 금지하는 데 반해, 꿈의 계시는 오히려 구체적인 명령이었으며 경우에 따라서는 앞으로의 일을 예견하는 것이기도 했다. 즉, 꿈의 계시가 더 광범위했다는 말이다.

옛사람들은 꿈의 계시를 세 가지로 나누었다. 첫째는 상징을 통한 수수께끼 같은 꿈, 둘째는 장래에 일어날 일을 눈앞에서 직시하는 것, 셋째는 부모나 다른 이의 모습을 빌려 앞으로 일어날 일 혹은 앞으로 해야 할 일과 하지 말아야 할 일을 상징을 통해서가 아니라 직접 알려주는 것이다. 즉, 첫째는 상징에 의한 것, 둘째는 '호라마'(직접적으로 보이는 것), 셋째는 신탁 형식의 꿈이라고 규정할 수 있다. 소크라테스의 꿈은 아마도 세 번째 종류의 꿈이었을 것이다. 이에 반해 다이몬의 신호는 오히려 첫 번째인 상징에 가까운데 이는 더는 수수께끼가 아니라 항상 반복되는 같은 목소리이며, 그 뜻은 항상 금지적으로 해석해야 하는 것이었다. 그 목소리만 두고 이야기하자면 그것은 확실히 백일몽 같은 것이며 환청의 일종이라고도 볼 수 있다. 만약 꿈의 계시와 다이몬의 신호가 이렇게 연결된다고 본다면 『향연』에서 말하는 몰아적 상태 역시 이것들과 전혀 관련 없다고 말할 수 없다. 이것을 꿈의 계시라는 범주에 대입한다면 두 번째인 '호라마 spectaculum'가 여기에 해당한다고 보는 것이 가장 적당할

지도 모른다. 소크라테스가 그 오랜 몰아 상태에서 다이몬의 명령을 받고 있었다고는 생각되지 않는다. 오히려 소크라테스는 하나의 정념에 사로잡혀 그 흐름을 따라가고 있었다고 생각해야 할 것이다. 즉, 소크라테스는 꿈을 꾸고 있었던 셈이다.

11

오늘날 우리는 이른바 과학주의 시대에 살고 있다. 사람들 대부분은 이러한 꿈의 계시 이야기에 어떤 공감도 하지 못할 것이다. 하지만 그리스인의 세계를 19세기 과학주의의 눈으로 그저 냉소적으로 바라보기만 한다면 우리는 그들의 마음 대부분을 이해하지 못하게 될 것이다. 왜냐하면 꿈의 세계는 그들에게 깨어있을 때의 생활과 마찬가지로 중요했기 때문이다. 아리스토텔레스 같은 사람조차도 꿈의 계시에 관해 진지하게 연구했다.

그런데 20세기가 되면서 우리는 이와는 다른 의미에서 꿈에 흥미를 느끼게 되었다. 오늘날에는 오히려 교육받은 사람이 정신분석의를 찾아가 과거 그리스인이 꿈 해석자 앞에 섰을 때와 마찬가지로 진지한 표정을 짓는다.

과거의 그리스인에게도 꿈은 의학적인 의미가 있었다고 할 수 있을지도 모른다. 에피다우로스에서 탄생한 아스클레피오스는 소크라테스 시대에 전 그리스적인 숭배를 받는 의료의 신이었다. 이곳에는 그리스 전역에서 병으로 고생하는 사람들이 몰려들었는데, 그 치료기록 비슷한 것이 오늘날까지도 남아있다. 치료법 가운데 하나는 꿈에 신을 보는 것이었다. 한 환자는 대낮에 신전 바깥에서 잠깐 잠이 들었는데, 어떤 아름다운 젊은이가 그의 손가락의 아픈 부분을 치료해주는 꿈을 꾸었고, 잠에서 깨어나니 이미 병이 나아있었다는 기록도 남아있다. 신전에서 기르는 뱀이 그의 상처 부위를 핥았다고 전해진다. 우리는 소크라테스의 마지막 말이 "크리톤이여, 아스클레피오스에게 닭 한 마리를 빚졌네. 자네가 기억해두었다가 갚아주겠나?"였다는 사실을 알고 있다. 소크라테스는 도대체 무엇을 아스클레피오스에게 감사해야만 했던 것일까? 꿈은 또 거기에 어떤 관계가 있는 걸까?

우리는 다이몬의 신호와 꿈의 계시, 장기적인 몰아 상태가 별개의 것이 아니라 어떤 방식으로든 연결되어있을 거라고 생각했다. 크세노폰의『향연』(4, 48)에서는 인간의 말이나 꿈이나 새는 우리를 돌보는 신들이 보내는 것이라고 말한다.

소크라테스에게는 아폴론의 유명한 신탁이 내려진다. 아스클레피오스는 신탁과는 직접적으로는 연결되지 않고, 그 관계는 제한된 것이다. 하지만 아스클레피오스와 아폴론과의 관계는 꽤 오랜 옛날로 거슬러 올라간다. 만약 아스클레피오스가 소크라테스의 생애에 있어서 어떤 중요한 종교적 의미가 있다면 이것은 역시 아폴론의 신탁이나 다이몬의 신호 또는 꿈의 계시나 백일몽과 어떻게든 연결되어있다고 생각해야 할 것이다. 하지만 이는 실천가인 크리톤을 향해 한 말이기에 그렇게 깊은 의미로 받아들이지 않아도 될지도 모른다. 우리는 지금 여기서 그것들에 관해 분명하게 결정할 수 없다.

그렇다고는 해도 소크라테스의 세계는 다른 그리스인의 세계와 마찬가지로 다이몬이나 꿈이나 전조, 신탁의 세계에 아주 깊이 연루되어있다. 그리스인들 사이에서도 그는 특별한 사람이었다. 그는 직접 다이몬의 목소리를 듣고, 밤이든 낮이든 이상한 꿈을 꿀 수 있었던 것이다. 어떻게 보면 반쯤은 이 세상 사람이 아니었다. 아리스토파네스는 소크라테스의 제자를 "반쯤 죽은 사람半死人"(504)이라고 부르는데, 소크라테스도 다른 의미에서는 반쯤 죽은 듯한 어쩐지 기분 나쁜 사람이었다. 다만 다른 사람들의 경우와는 달리 그는 다이몬의 선의를 믿고 있었다. 예를 들어 테오그니스(401-6)에게 다이몬은 좋은 것을 나쁜 것으로 보이게 하고, 나쁜 것을 좋은 것으로 착각하게 하여 사람을 커다란 잘못으로 유혹하는 데 비해, 소크라테스에게 다이몬의 신호는 항상 그를 위한 것이었다. 그는 주저하며 다이몬이라고 불렀지만 어쩌면 신에 가까운 것이었을지도 모른다. 『소크라테스의 변명』(31CD)에서 무심하게 '신으로부터의 계시나 다이몬으로부터의 표지 같은 것'이라고 하는 데에 그 진의가 숨겨져 있는 게 아닐까?

소크라테스는 어떤 속박과 제약 속에서 살았던 것일까. 그는 일흔의 나이에도 아직 장년의 활기를 지니고 있었다. 그는 용감한 병사이자 온갖 어려움을 견디는 인내력의 소유자였다. 또, 뛰어난 논리가임과 동시에 물러서지 않는 실천가이기도 했다. 그런데 그 활기 넘치는 평소 언행은 항상 다이몬의 감독 아래에 있었고, 때로는 금지 명령을 받아들여야만 했다. 하지만 앞에서 보았듯이 그것이 항상 소크라테스의 자유와 자주성을 억압하지는 않았다. 하나의 부정, 하나의 금지는 여전히 무한한 가능성을 남겨두고 있기 때문이다. 게다가 그에게는 거기에 더해 낮과 밤의 꿈이 의미를 지니고 있었다. 물론 꿈이 반드시 명령이라고 말할 수는 없다. 하지만 이미 살펴보았듯이 명령 역시 그 안에 포함되어있었다. 일반적으로 말해 어떤 일을 명하는 것은 어떤 일을 금지하는 것보다 훨씬 커다란 속박이다. 금지에는 다른 가능성이 있지만 단순한 명령은 다른 가능성이 용인하지 않기 때문이다. 따라서 꿈을 통한 명령은 다이몬의 금지만큼 자주 있지는 않았을 것이다. 실제로 소크라테스가 꿈에 관해 이야기하는 장면은 다이몬에 관해 이야기하는 장면에 비해 훨씬 적다. 꿈을 통한 명령은 개개의 행동에 일일이 개입하기보다는 일반적인 방침을 분명하게 하는 방향으로 움직였다고 할 수 있다. 호메로스의 사람들도 일상적인 일에는 다이몬의 간섭을 받았지만, 그 이면이나 위에는 신들의 개입이 있었다. 소크라테스의 경우, 호메로스에게서 볼 수 있는 양자의 어긋남이나 대립은 없고, 오히려 상보적이었다고 볼 수 있지만, 양자의 방향이 다르다는 점에서 서로 비슷하다고 할 수 있을 것이다.

그렇다면 소크라테스의 생애는 어떤 제약 아래에 있었던 걸까? 다이몬의 신호는 어린 시절부터 시작되었다.

게다가 그것은 사회적인 속박이 아니었다. 세상의 시선이나 법률적 처벌에 의한 속박이 아닌 내부로부터 오는 즉, 자신의 마음속 깊은 곳에서 오는 속박이었다. 그는 도망칠 수도, 숨을 수도 없었다. 다이몬을 모이라이(그리스신화에 나오는 운명의 여신 세 명—역주)와 같다고 보는 사람도 있다. '나누다'라는 뜻의 그리스어에서 유래된 것이라고 여겨지기 때문이다. 그런 의미에서 다이몬은 소크라테스의 일부이며 필연이고, 운명이었다고 할 수 있을 것이다. 소크라테스의 생활은 가공할 만한 속박과 제약 아래 있었다고 하지 않을 수 없다. 하지만 그런 속박은 그 자신의 필연에 속해, 그것들의 속박이 곧 소크라테스 자신이었던 셈이다.

이로 인해 그는 진정한 자유 또한 가지고 있었다고 할 수 있다. 그렇지만 그럴 때 그는, 항상 그 자신의 바깥—이렇게 말하기 그렇다면 안의 안, 깊숙한 곳보다 더 깊숙한 곳—에 있다고 하지 않을 수 없다. 이러한 내적 초월에 있어서 필연적인 속박은 오히려 든든함을 준다. 우리는 절대적인 타자에게 귀의하여 거기에 자신을 내맡길 때 평안을 누릴 수 있을지도 모른다. 다이몬의 선의를 믿었던 소크라테스의 침착함과 밝음은 거기에서 오는 것으로 보인다. 하지만 이 역시 쉽게 생각할 수는 없다.

『소크라테스의 변명』(40A 이하)의 마지막 부분에서 소크라테스는 자신에게 무죄 투표를 해준 사람들을 향해 한 가지 이야기를 솔직하게 털어놓는데, 여기에 주목할 만한 내용이 담겨있다.

나에게는 시시때때로 묘한 일이 일어났습니다. 나에게 항상 일어나는 그 신의 계시는 지금까지 평생에 걸쳐서 수도 없이 나타나 매우 사소한 일에 관해서도 내가 하려는 일이 합당하지 않은 경우에는 반대를 하곤 했습니다. 그런데 이번에 나에게 일어난 일은 여러분도 눈앞에서 보아서 아는 바와 같이, 이것이야말로 최악의 재난이라고 사람들이 생각할 만한 일이며 일반적으로는 그렇게 생각되는 일입니다. 그런데 그런 나에게, 아침에 집을 나설 때도 신의 신호는 반대하지 않았습니다. 또, 이 법정으로 나와 발언하려고 할 때도 반대하지 않았고, 변론하는 동안 내가 무언가를 말하려 할 때도 반대하지 않았습니다. 그런데 다른 경우에는 내 이야기를 여러 번 중간에 멈춰 세우곤 했습니다. 그런데 이번에는, 이 사건에 관한 한 행동에 있어서든 말에 있어서든 내게 반대하지 않았습니다.

이는 분명히 묘하며 놀랄 만한 일이다. 다이몬의 신호는 항상 시끄러울 정도로 자주 소크라테스의 언행에 개입했다. 그래서 우리는 이를 놀랄 만한 속박이라고 보았다. 그런데 소크라테스의 사형을 결정한 이 재판에서 그의 다이몬은 돌연 침묵하고, 어떠한 도움도 주려 하지 않았던 것이다. 평생을 다이몬의 간섭을 받으며 살아온 사람에게 이는 어떠한 놀라움을 주었을까? 어쩌면 절망에 가까운 감정을 느끼게 했을지도 모른다. 소크라테스는 변론 도중에도 몇 번이나 다이몬을 시험했을 것이다. 하지만 다이몬은 응하지 않았다. 소크라테스는 결국 거기서 죽음을 보았다고 할 수 있다. 다이몬이 끝날 때, 그의 운명 역시 끝난다. 자유는 죽음인지도 모른다. 재판 날부터 사형 집행일까지 약 한 달 동안 다이몬의 목소리는 들렸을까?

『크리톤』이나 『파이돈』에서 특별히 꿈만을 이야기하는 것도 어떤 의미가 있는 것 같다. 우리가 다이몬에 대해 듣는 것은 소크라테스가 재판을 준비하며 변명할 거리를 생각하려 하자 다이몬이 이를 반대했다는 크세노폰의

『소크라테스 회상』(4, 8, 5)에 나오는 이야기뿐이다. 이에 관해 이야기하려 하면 얼마 안 되는 자료로 너무 많은 상상을 한다고 다른 사람들에게 비난을 받을지도 모른다. 우리는 역시 모른다고 말할 수밖에 없다.

5장

델포이 신탁의 수수께끼

1

소크라테스의 죽음을 둘러싼 여러 사건이 우리에게는 주요 사건이 되었다. 그런데 다이몬의 목소리를 따라 살아온 사람에게 재판 사건은 자기 자신의 필연에 속하지 않은, 외부에서 오는 우연한 일에 불과했을지도 모른다. 죽음은 이미 그가 각오했던 일이다. 하지만 우리로서는 소크라테스의 내면과 외부 사건이 합치하는 지점을 찾지 않으면 안 된다. 그래서 안과 밖 전체를 이해해야만 한다. 멜레토스는 소송장에서 다이몬 숭배에 관해 이야기하고 있다. 하지만 다이몬의 신호는 이미 소크라테스의 어린 시절부터 시작되었다.『향연』에 나오는 포티다이어 포위전 때의 사건은 소크라테스가 서른일곱 살 무렵의 일이었는데, 그는 그 무렵부터 이미 꿈꾸는 사람이었다. 하지만 그의 성향으로 보아 다른 사람들과 특별히 교류하는 일은 없었을 것이다. 포티다이어 출정으로부터 약 10년이 지난 후에 아리스토파네스의『구름』이 공개되었지만 다이몬의 신호에 대해서는 전혀 언급하지 않는다. 그가 꾸었다는 백일몽은 여기서는 이오니아에서 건너온 새로운 과학으로 소개되고 있다. 아테네 사람들이 받았던 일반적인 인상은 이것이 하늘 위와 땅 아래의 것을 탐구하고, 궤변을 정설로 둔갑시키는 기술을 갈고닦는 것을 주된 목표로 하는 그저 '쓸데없는 이야기'라는 것이었다. 또한 새로운 사상을 토대로 하는 소크라테스의 신교육은 말도 안 되는 결과를 낳는데, 이는 사람들에게 비웃음거리에 지나지 않았다. 플라톤의『소크라테스의 변명』은 이것을 소크라테스 소송 사건의 간접적인 원인으로 들고 있지만, 소크라테스가 사형에 처해지는 데 이것이 직접적인 원인이 되었다고는 말하지 않았다. 만약 이것이 주요한 원인이었다면 소크라테스는 훨씬 전에 죽었어야 했기 때문이다.

소크라테스를 죽음에 이르게 한 것은 어쩌면 시대의 변화였을지도 모른다. 소크라테스의 전반생은 페리클레스의 이름과 함께 평화와 번영의 시대에 속해있었다. 하지만 마흔 살 이후부터는 시대의 흐름이 변해 그리스인 사이에서는 세계대전이라고 부를 만한 펠로폰네소스전쟁(기원전 431년~기원전 404년)이 간헐적으로 벌어지며 약 30년에 걸쳐 사람들의 생활에 어두운 그림자를 드리웠다. 이 우울한 전쟁은 소크라테스의 조국인 아테네의 패배로 끝났다.

아테네에는 점령군의 군사력을 기반으로 하는 이른바

30인 독재 정권이 수립되었다. 전쟁의 종결이 꼭 평화를 의미하지는 않았다. 이러한 전후 혼란 가운데 소크라테스는 죽임을 당했다. 전쟁이 끝나고 독재주의 혁명의 파도가 지나간 뒤, 사람들은 일종의 반발심으로 소크라테스를 위험인물로 간주한 셈이다. 아리스토파네스 극의 결말은 20여 년 전에는 일종의 해학에 지나지 않았지만, 전쟁 후에는 더는 그냥 웃어넘길 일이 아니었다. 전쟁 책임자인 알키비아데스와 독재 정권의 수령 크리티아스는 모두 소크라테스적인 교육이 낳은 사람들로 여겨졌기 때문이다. 하지만 사람들의 이러한 의심이 아리스토파네스 희극만을 근거로 한 것은 아니었다. 이미 본 것처럼 멜레토스도 『구름』의 소크라테스를 고소하는 것이 아니다. 멜레토스의 소송장은 소크라테스의 죄 가운데 청년들에게 해악을 끼친다거나 청년들을 부패하게 만든다는 것을 별도의 항목으로 들고 있다. 이는 현실의 소크라테스가 청년들과 널리 접촉하고, 그들에게 영향을 미치고 있음을 의미한다. 하지만 이것은 더는 사회의 한구석에서 몽상에 잠기는 사람의 일이 아니다. 『구름』에서 스트레프시아데스의 아들은 소크라테스 학교의 창백한 얼굴을 한 무리를 경멸하면서 그들 무리에 들어가는 일을 수

치스럽게 생각한다. 소크라테스와 청년들 사이에 어떤 새로운 관계가 형성되었던 것일까? 우리는 시대의 변화와 더불어 한 가지 더, 소크라테스의 변화를 살펴보아야 한다.

2

플라톤의 『소크라테스의 변명』(21A 이하)에 따르면 아리스토파네스 극에도 카이레폰은 소크라테스 동료의 대표격으로 등장하는 데 그는 '무엇을 시작해도 열중하는 성격'을 지닌 사람이었다. 그가 델포이에 가서 아폴론 신에게 계시를 구한 일이, 소크라테스에게 있어서 생애의 전환점이 되었다. 갑자기 카이레폰이 계시를 구했다고 하면 엉뚱하게 들릴지 모르지만, 그 내용은 '소크라테스보다 현명한 자가 있는지를 묻는 것'이었다. 그런데 그는 소크라테스보다 지혜로운 자는 없다는 대답을 들었다. 소크라테스는 카이레폰에게 이 말을 전해 듣고 어떻게 했을까? 이미 보았듯이 소크라테스는 여러 가지 전조와 신탁 가운데 살고 있었다. 따라서 갑작스러운 이 신탁에 대해서도 냉담하게 있을 수는 없었다. 그런데 한편으로 그는 '자신이 크든 작든 지혜로운 자가 아니다'라고 생각했다. 즉, 그는 꿈꾸는 자이기는 했어도 현실에 대해서는 냉정한 눈을 가지고 있었다. 그러면 자신을 속일 수 없는 소크라테스에게 델포이의 신탁은 풀 수 없는 수수께끼가 될 수밖에 없다. 하지만 그는 이미 보았듯 한 사람의 점쟁이로서 수수께끼를 푸는 데는 익숙했다. 늘 그렇듯 탐구적인 태도로 '나를 가장 지혜로운 자라고 선언함으로써 신은 과연 무엇을 말하려고 하는가'에 관해 긴 시간 동안 갈피를 잡지 못하면서도 끈기 있게 생각했다. 그 결과 그럴듯한 생각을 해냈다. 누군가 한 사람, 자신보다 지혜로운 사람을 찾아내 "보시오, 여기에 나보다 지혜롭고 현명한 사람이 있지 않소. 그런데 당신은 어째서 나를 가장 지혜로운 자라고 하였소?" 하고 신탁을 반박하며 신에게 되물으려는 것이다. 처음에는 이 계획이 금방 성공할 듯이 보였다. 왜냐하면 지혜로운 사람은 세상에 얼마든지 있는 것처럼 보였기 때문이다. 하지만 실제 결과는 그렇지 않았다. 그 한 가지 상황을 그는 다음과 같이 이야기한다.

자세히 그 인물—특별히 이름을 들어서 말할 필요는

없을 것이다. 그는 정계의 인물이었다 ─을 상대로 문답하면서 관찰하는 동안, 다음과 같은 자각을 얻었다. 즉 이 사람은 다른 많은 이들에게 지혜로운 인물로 여겨지며 자기 자신도 그렇다고 생각하고 있는 것 같지만 사실은 그렇지 않다는 것이다. (21C)

이미 보았듯이 소크라테스는 뛰어난 문답가다. 평범한 정치가가 이를 버텨낼 수 있을 리가 없었다. 그가 자신에게 허락하려 하지 않았던 지혜는 다른 사람들 안에서도 발견할 수 없었다. 그는 이 경험을 통해 다음과 같은 생각을 품게 되었다.

나는 혼자 있을 때 이렇게 생각했다. 이 사람보다 나는 지혜가 있다. 왜냐하면 이 남자나 나나 선함이나 아름다움에 대해서는 아무것도 알지 못한다. 하지만 이 남자는 모르면서 뭐라도 아는 것처럼 생각하지만 나는 모르기 때문에 그대로 모른다고 생각한다. 그렇기에 이 작은 일로 내가 지혜로운 자가 된다. 즉, 나는 내가 모른다는 사실을 알기 때문에 더 나은 것이다. (21D)

소크라테스의 유명한 '무지의 지' 혹은 '무지의 자각'이라고 불리는 것은 말로 하자면 이렇게 간단하다. 하지만 그 의미를 생각하면 간단하게 파악할 수 있는 것이 아니다. 그래도 일단 소크라테스의 수수께끼 풀이를 조금 더 따라가 보자. 그는 지금 말한 방법으로 자신보다 지혜로운 사람을 찾으려고 했으나 번번이 실패하고 말았다. 그뿐 아니라 그럴 때마다 상대방의 기분을 상하게 해서 사람들에게 미움을 사게 되었다. 그런데도 그는 그 일을 그만둘 수 없었다. 그 추이와 결과를 그는 다음과 같이 말한다.

그 이후 오늘까지 계속해서 다른 사람들을 찾아가 대화를 나누었습니다. 내가 미움을 받고 있다는 사실은 익히 알고 있었고, 그것은 괴롭기도 하고 걱정스럽기도 하였습니다. 하지만 그래도 역시 신을 가장 중요하게 생각해야 한다는 결론을 내렸습니다. 그래서 신탁의 의미를 찾아 스스로 무언가를 안다고 생각하는 이가 있으면 어디든 찾아가야 한다는 생각이 들었습니다. 아테네인 여러분, 여러분에게는 사실만을 말해야 하기에 맹세하고 말하건대, 나는 이런 경험을 했습니다. 즉, 신탁을 풀기 위해 이름이 잘 알려진 사람을 찾아다니고 만났지만, 최고의 명성을 지닌 사람이 생각의 깊이에 있어서는 부족함이 아주 많았습니다. 이에 반해 미천한 신분인 사람이 오히려 더 훌륭합니다. 어쨌든 나는 그 편력을 여러분에게 인정받아야만 합니다. 그것은 마치 헤라클레스의 난제와 같은 것이지만 결국은 신탁으로 들은 말을 나는 부정할 수 없게 되었습니다. (21E-22A)

소크라테스에게 수수께끼 풀이는 호기심의 유희가 아니었다. 그것은 그에게 있어서 절대적으로 신성한 일이었다. 우리는 이것을 어떻게 이해해야 할까? 소크라테스와 같은 사람에게 델포이의 신탁은 어떠한 꿈의 계시보다도 큰 꿈의 계시였을 것이다. 그 신탁은 델포이 땅에서 주어졌지만, 그는 이것을 정신의 깊은 곳에서 받아들였다. 그것은 내면의 필연성에 속하기 때문에 그는 사람들의 증오에 괴로워하면서도 헤라클레스가 풀어야 했던 난제에 비할 만한 일을 끝까지 수행해야만 했다. 그런데 시대의 분위기가 따라주지 않았다. 때는 페리클레스 시대의 자유와 관용의 정신은 가고, 전쟁과 내란에 의한 불관용의 당파심이 지배하는 시대였던 것이다.

3

소크라테스는 여기저기 돌아다니며 여러 사람을 만났는데『소크라테스의 변명』은 그가 만난 사람을 세 종류로 나누고 있다. 앞에서 말한 정치가, 비극작가, 손기술을 가진 사람인데 그들이 각각의 지혜를 대표한다고 생각했기 때문일 것이다. 정치가는 민중에게 호소하여 그들을 자기 뜻에 따르게 하고, 여러 가지 법안을 내고 이를 실행하기 때문에 상당히 뛰어난 지혜가 있어야 한다. 국가사회의 안위가 그들의 손안에 있다는 말도 있으니 말이다. 하지만 실제 그들이 법안에 대해 어디까지 세밀하게 생각하고 있는지는 알 수 없다. 또 그들은 연설에서 선과 미에 관한 말을 자주 하는데, 그것을 얼마나 진지하게 생각하고 있는지 역시 의구심을 가질 수밖에 없다. 소크라테스는 문답법을 통해 그런 점을 폭로하고 우리 사회가 무지하고 반성하지 않는 지도자들에 의해 여러 가지 위험 속으로 끌려들어 간다는 사실을 드러냈다. 하지만 실천가들은 이런 쓸데없는 이야기 때문에 성가신 구설에 오르는 것을 오히려 혐오했을 것이다. 소크라테스가 찾는 지혜를 아주 엉뚱한 것으로 생각했을지도 모른다.

그런데 무지하고 반성하지 않는 것은 비단 정치가들만

의 이야기가 아니다. 오히려 남보다 정신적인 일을 하고 있다고 여겨지는 사람들에게 이런 면이 더 많은지도 모른다. 오늘날의 저널리즘은 그런 유형의 각 방면 사람들을 커다란 시스템 안에 가두어 육성하고 있다. 하지만 과거 그리스에서는 이러한 일이 더욱 좁게 제한되어있었기에 연극이나 낭독을 통해 사람들을 이끄는 작가, 시인들이 주로 여기에 해당한다고 보면 된다. 따라서 소크라테스의 시선이 이런 이들을 향하게 된 것은 당연한 일이다. 그가 여기서 본 것은 그들이 스스로 골똘히 생각하지 않을 뿐 아니라 진지하게 생각해보려고도 하지 않는다는 사실이었다. 그들은 자기가 하는 말조차 알지 못하는 기묘한 무지를 보였다. 즉, 그들은 스스로 생각해서 말하는 것이 아니라 무언가 신들린 상태에서 다른 생각을 말하는 것에 불과했다. 그들에게는 단지 센스가 있을 뿐, 지혜는 없다고 할 수 있다. 그것은 신의 계시와 신탁을 전달하는 사람들이 훌륭한 말을 하면서도 스스로는 그 의미를 하나도 알지 못하는 것과 같다. 게다가 그들이 '작가로서 활동하고 있기에 자신이 특별히 지혜로운 인간이라고 믿고 있을 뿐 아니라, 실제로는 그렇지 않은 다른 일에 대해서도 굳게 믿고 있음'을 소크라테스는 간파했다. 그런데 이러한 일은 비단 작가에게만 해당하는 이야기가 아닐 것이다.

지혜를 대표하는 세 번째 부류는 손기술을 가진 사람들이었다. 그들이야말로 가장 확실한 지혜의 소유자라고 말할 수 있을 것이다. 각자의 분야에 있어서 그들은 소크라테스가 도저히 미치지 못하는 지혜를 가지고 있기 때문이다. 하지만 그들 역시 작가들과 같은 실수를 범하는 모습을 흔히 볼 수 있었다. '즉, 기술적인 마무리를 잘한다는 이유로 그 이외의 다른 중요한 일에 관해서도 당연히 자신이 최고로 지혜로운 자라고 생각하는' 경향이 있었던 것이다. '그들의 이러한 그릇된 생각이 그들이 가지고 있는 지혜까지 가리고' 말았다. 그래서 소크라테스는 자문자답할 수밖에 없었다.

'나는 어느 쪽을 받아들여야 할까? 지금 나는 그들이 가진 지혜는 조금도 가지고 있지 않고, 그들의 무지도 나의 무지는 아니다. 지금 이대로 있는 편이 좋은 것일까, 아니면 그들의 지혜와 무지를 모두 소유하는 편이 나은 것일까? 어느 쪽이 옳을까?'

이것이 그의 물음이었다. 그리고 이에 대해 그대로 있는 편이 더 낫다고 자기 자신과 신탁에 설득하지 않으면 안 되었다.

여기서 소크라테스가 문제 삼고 있는 지智와 '무지'는 과연 어떤 것일까? 이는 널리 일반적인 지와 무지를 문제 삼고 있는 것처럼 보이고 각 전문 지식은 거의 문제 삼지 않고 있는 것처럼 보인다. 그는 수공업자들의 기능에 대해 일단 경의를 표하면서 문제를 금세 다른 부분으로 옮긴다. 그리고 기술자든 작가든 중요한 것에 관해서 아무 것도 모르면서 다른 방면의 일에 관해서도 뛰어난 지혜가 있는 것처럼 착각하고 있다고 지적했다.

그런데 그가 말하는 '중요한 다른 일'이란 과연 무엇이었을까? 그는 정치가와의 접촉에서 '이 남자도 나도 선과 미에 관한 일은 아무것도 모르는 것 같은데, 이 남자는 모르면서 무언가 알고 있는 것처럼 생각한다'라는 성찰을 끌어내는데, 여기서 말하는 '선과 미에 관한 일'이야말로 '중요한 일'이었을 것이다. 소크라테스에게는 목수가 신발 만드는 일도 할 수 있다고 착각하거나, 문맹인 자가 글자를 알고 있는 것처럼 행동해도 이러한 무지는 희극의 재료가 될 뿐 큰 문제가 되지는 않았을 것이다. 하지만 정치가의 무지는 쉽게 웃어넘길 일이 아니다. 소크라테스가 지혜를 구하며 제일 처음 정치가를 찾아간 까닭은 그것이 정치가에게 가장 많이 기대되는 것이었기 때문이다. 다른 사람들은 그들의 본직을 떠나 이 방면에서 큰소리를 칠 때만 그 무지를 추궁당했다. 따라서 소크라테스가 문제 삼고 있는 무지는 정치가와 작가, 기술자에게 같은 것이었다고 할 수 있다. 그들이 사람들이 모인 곳에서 연설하고, 다양한 문장을 통해 사람들에게 말을 걸 때 그들은 자신이 하는 말을 정말로 잘 알고 있는 것일까? 그들은 도대체 무엇을 알고 있는 것일까. 무지의 문제는 특히 지도자들에게 철저하게 추궁하지 않으면 안 된다.

4

이리하여 소크라테스의 시도는 실패하고, 그의 계획은 허무하게 끝이 나고 말았다. 아폴론 신탁은 반박할 수 없었고, 소크라테스는 결국 인간 가운데 가장 지혜로운 사람이 되고 말았다. 하지만 소크라테스의 탐구는 여기서 끝나지 않았다. '신은 이 신탁을 통해 무슨 말을 하려고 하는가'(21B)라는 의문이 여전히 남아있었기 때문이다. 이 물음에 대한 소크라테스의 대답은 전통적인 것이었다. 소크라테스는 자신의 지혜를 부정하며 신탁의 진의를 다음과 같이 해석했다.

여러분, 실제로는 아마도 신만이 진정으로 지혜로운 자일 겁니다. 인간의 지혜는 가치 없는 것이라는 사실을 신은 이 신탁을 통해 말하려는 건지도 모릅니다. 그리고 그것은 여기에 있는 이 소크라테스를 말하는 것처럼 보이지만, 내 이름은 그냥 덧붙인 것입니다. 즉, 나를 일례로 들어 '인간들 가운데 가장 지혜로운 자는 소크라테스처럼 자신의 지혜는 아무런 값어치가 없다는 사실을 깨달은 자'라고 말하려는 것입니다.

소크라테스에게는 이 해석이 가장 쉬었을지도 모른다. 소크라테스의 만년부터 거슬러 올라가 약 200년 전에 일곱 현인이 황금 솥을 서로 양보했다는 유명한 이야기가 있다. 청년 하나가 밀레토스의 어부에게 그물에 든 물고기를 사겠다는 약속을 하고 끌어올려 그물을 보니, 그 속에서 세 발 황금 솥이 나왔다. 그것이 누구의 소유인지에 대한 분쟁이 좀처럼 해결되지 않자 결국 이것을 델포이의 아폴론 제단에 맡기게 되었다. 그러자 '지혜에 있어서 만인보다 뛰어난 자'가 이 솥을 취해야 한다는 신탁이 내려왔다. 그래서 이 물건은 밀레토스의 현인 탈레스에게 보내졌다. 그런데 탈레스는 이를 사양하고 다른 현인에게 가져가게 했다. 이런 식으로 서로 양보하는 바람에 솥은 일곱 현인을 거쳐서 결국 솔론에게 가게 되었다. 그러자 솔론은 '신이야말로 지혜에 있어서 가장 뛰어난 자'라고 말하며 이를 델포이 신전으로 다시 보냈다고 한다.

이처럼 누가 가장 지혜로운 자인지를 물어보는 질문은 그리스인 사회에서는 평범한 것이었는지도 모르겠다. 델포이의 신탁이 산에 사는 일개 농부를 지명했다는 전설도 있다. 그렇기에 카이레폰을 통해 드러난 계시 또한 특별히 놀랄 만한 것은 아니었는지도 모른다. 다만 우리는 이를 받아들이는 방식에서 소크라테스의 특성이 드러난다는 사실에 주목해야 한다. 이 신탁의 의미를 묻고 마침내 얻은 해답 역시 지금 보았듯이 이미 선례가 있는 것이었다고 할 수 있을지도 모른다. 하지만 여기에서도 소크라테스의 인식은 역시 독특했다. 왜냐하면 지금까지의 전설에서는 '누가 가장 지혜로운 자인가, 농부 뮈손이다. 아니, 신이야말로 가장 지혜로운 자다'라는 식으로 지혜의 긍정적인 면에 주목했는데, 소크라테스는 오히려 인간의 무지가 문제이며 이를 신의 지혜와도 부정적으로 구별했다. 카이레폰이 받은 신탁 역시 '누구도(소크라테스보다) 지혜롭지 못하다'라는 부정형이었다.

이 신탁 사건을 플라톤의 창작이라고 보는 설이 있다. 그것은 지혜로운 자에 관한 신탁이나 전설이 앞서 말한 것과 같은 유례가 있기 때문이다. 이러한 선례가 소크라테스의 신탁 해석을 도울 수 있었다고 해도 문제가 될 것은 전혀 없다. 또 소크라테스가 완전히 새로운 해석을 해야만 할 까닭도 없다. 게다가 이미 알려졌듯이 점쟁이로서 소크라테스 스스로 해석할 수 있는 것을 굳이 플라톤의 작업으로 삼아야 할 어떠한 적극적 이유도 찾을 수 없다. 그뿐만 아니라 유례가 있다고 해도 '소크라테스보다 지혜로운 자가 있는가'라는 물음은 매우 독특하며 선례를 흉내 내어 만든 것이라고 평가를 받지도 않는다.

카이레폰이 이 신탁을 받은 일에 관해 『소크라테스의 변명』(21A)의 소크라테스는 특별히 증인을 신청하여 증언을 구하고 있다. 즉, 재판 무렵에는 카이레폰은 이미 사망했기 때문에 그의 형제가 증인으로 나와 이 사실을 인정한다. 또, 플라톤 외에도 크세노폰의 『소크라테스의 변명』(14)에 카이레폰이 델포이에서 소크라테스에 관한 신탁을 청하여 '소크라테스보다 지혜로운 자는 없다'라는 부정형의 답을 얻은 일이 기술되어있다. 소크라테스를 델포이와 결부 짓는 일은 아리스토텔레스의 초기작인 『철학에 관하여』(fr.1-2)에서도 다른 형태로 시도되고 있는데, 우리는 이것이 공통된 한 가지를 지향하고 있다는 사실을 인정해야 한다. 물론 학자 가운데는 델포이 신탁이 펠로폰네소스전쟁에서 오히려 아테네에 적대적이었다는 사실을 들어, 델포이와 아폴론의 특수한 관계를 끄집어내는 일은 재판관의 기분을 상하게 만들기 때문에 그런 이야기를 했을 리가 없다고 주장하는 사람도 있다.

하지만 『소크라테스의 변명』(18A)의 소크라테스는 '진실을 말하는 것'을 자신의 의무로 생각했기에 단지 사형을 피하는 것만을 목적으로 삼지는 않았다(39A). 논자는 소크라테스의 변명을, 평범한 변호사가 하는 법정 변론이어야 한다고 생각하고 있지만, 이는 소크라테스를 전혀 모르는 사람이 할 법한 해석이다. 크세노폰도 『소크라테스의 변명』(1)에서 소크라테스의 변론이 오히려 초연한 것이었다고 말하는데, 이 부분은 플라톤과 그 외의 글들이 뒷받침하고 있다.

5

　어쩌면 우리는 그다지 결실 없는 학자적 토론에 지나치게 연연하고 있는지도 모른다. 하지만 이를 통해 우리는 한 번 더 아폴론 신탁과 이에 대한 점쟁이적 해석과의 관계를 제대로 생각해볼 기회를 얻었다고도 할 수 있다. 소크라테스는 이미 본 것처럼 '결론으로써 최상이라는 것이 분명해진 것(=로고스)이 아니면, 자기 안의 다른 어떠한 것에도 따르지 않는 사람'이며 신탁의 해석에 있어서도 점쟁이로서 그는 스스로 받아들일 수 있는 결론을 찾으려 했다고 보아야 한다. 소크라테스가 가지고 있는 이 점쟁이적인 지위를 잊을 때 우리는 비로소 그의 신탁 해석의 모든 것을 의심하고, 이를 다른 사람의 창작으로 보는 일이 가능해진다.

　카이레폰이 가져온 신탁을 그의 형제의 증언에 따라 어쨌든 하나의 사실로 인정한다면 소크라테스가 이를 '소크라테스보다 지혜로운 자는 없다'라는 형태로 받아들일 리가 없다는 사실 또한 인정하지 않을 수 없다. 『소크라테스의 변명』에서 그가 하는 말은 가장 소크라테스다운 것이었다고 할 수 있다. 하지만 오직 신만이 지혜를 가지고 있고 인간의 지혜 따위는 이에 비하면 거의 무無

에 가까운 것이라는 생각, 인간의 지혜 가운데 가장 뛰어난 것은 무지의 자각이라는 생각은 그것만으로도 독립적으로 생각할 수 있는 것이다.

이미 보았듯이 그러한 생각을 할 만한 일반적 조건은 이미 역사적으로 주어져 있었다. 따라서 이것은 소크라테스가 특별히 아폴론의 신탁에 바탕을 두고 생각하지 않으면 안 되는 것이었다고 말할 필요는 없다. 만약 위에서 요약한 것이 소크라테스가 얻은 결론의 전부라면 아폴론의 신탁은 필요 없었던 것이 될지도 모른다. 하지만 소크라테스에게 그것은 그저 일반 명제로써 자기와 무관하게 객관적으로 생각하던 것이 아니었다. 지혜에 관한 진리는 신이 특별히 소크라테스를 선택해 그를 통해 계시하려 한 것이라고 보아야 한다. 소크라테스의 말을 들어보자.

이것이 지금도 내가 여전히 여기저기 돌아다니며 이 마을 저 마을로 지혜로운 자를 찾아다니다가 누군가 지혜가 있는 자라는 생각이 들면 신의 지도에 따라 철저히 조사하고 있는 까닭이다. 그에게 지혜가 있다고 여겨지지 않으면 그가 지혜로운 자가 아니라는 사실을 분명하게 드러내고 있다. 그리고 이 일에 바빠서 공사公私 어느 쪽으로도 이렇다 할 만한 일을 행할 겨를이 없기에 상당히 빈곤한데, 이 역시 신을 섬기기 위함이다. (23BC)

즉, 소크라테스는 신만이 지혜로운 자라는 일반 명제를 근거 삼아 인간의 무지를 폭로해 신의 지혜를 분명히 하는 일이 특별히 자신에게 부여된 일이라는 특수한 운명 명제를 끄집어내고 있다. 이것이 그를 다른 많은 사람과 대립하게 했고, 결국에는 죽음에까지 이르게 했는데 이는 일반 명제만으로는 나오지 않는 결론이다. 이 부분에서 아폴론의 신탁이 개입하지 않으면 안 되는 개연성이 있다고 말하는 사람도 있을 것이다. 아폴론의 신탁과 이에 대한 소크라테스적 해석, 또 이것과 소크라테스의 실천 사이에는 떼려야 뗄 수 없는 일체적 관계가 형성되어 있다고 해야 할 것이다. 우리는 다이몬에 홀린 사람 소크라테스와 합리주의자 소크라테스, 그리고 실천가 소크라테스를 한 사람의 인간으로 이해하지 않으면 안 된다.

한편 우리는 소크라테스가 신탁을 처음 들었을 때부터 그가 '신을 위한 봉사'를 각오할 때까지 시점의 변화가 있었다는 사실을 인정해야만 한다. 소크라테스의 첫 시도는 누구든 자신보다 지혜로운 사람 한 명을 찾아내어 신탁을 반박하는 것이었다. 따라서 그가 지혜로우리라 생각했던 사람과 문답을 한 결과, 무지하다는 사실이 밝혀지면 그는 그냥 조용히 자리를 떠나도 됐다. 그런데 소크라테스는 '당신은 스스로 지혜가 있다고 생각하고 있지만, 사실은 그렇지 않다'라는 사실을 상대방에게 '확실히 깨닫게 하려고'(21C) 애썼다. 이는 처음 목적에 비추어 이야기하자면 쓸데없는 짓이라고 할 수 있다. 우리는 지금 인간의 무지를 폭로하는 소크라테스의 '신을 위한 봉사'가 아폴론 신탁이 개입하여 처음으로 성립하는 것이라 생각했다. 하지만 '소크라테스보다 지혜로운 자는 없다'는 신탁은 그것만으로는 특별히 어떤 소명도 포함하지 않는다. 여기에서 소명을 끌어낸 것은 신이 그런 신탁을 내린 이유에 관한 소크라테스의 해석이었다. 그것은 여러 경험 끝에 그의 최초의 계획이 실패로 돌아가려 하고 있을 때 새로운 문제로 떠올랐다. 소크라테스는 여기서 생각의 요구에 따라 이론적 발전의 흐름을 따라갔다고 할 수 있을 것이다. 그렇다고 한다면 인간의 무지를 폭로하는 일이 신을 위한 봉사의 의미를 지닌다고 믿는 것은 오랜 경험 끝에 내린 소크라테스의 결론이며, 신탁을 반박하려던 첫 시도에서 벗어나 타인의 무지를 지적하는 일은 정당성을 부여하기 어려운 도 넘는 행동이었다고 할 수 있다. 나중에 이것을 정당화하기는 했지만 이러한 행동을 했다는 사실에는 변함이 없다.

6

그런데 그의 행동 자체를 이해하기 어려운 것은 아니다. 소크라테스는 자신보다 더 지혜로운 인간을 발견하기 위해 한 사람 한 사람과 문답을 주고받았는데, 이 문답법은 공동 토론의 한 형식이기에 이를 통해 상대의 무지를 드러내는 일은 동시에 상대방과 그 자리에 함께한 다른 사람들도 분명하게 그 사실을 알게 하는 결과를 가져왔기 때문이다.

『고르기아스』(454BC)에서 말하듯이 문답을 진행하게 하기 위해서는 자명해 보이는 사실이라도 하나하나의 문답 가운데 분명하게 말해야 한다. 서로 마음속으로만 동의하면 되는 것이 아니라는 말이다. 따라서 소크라테스는 대화 중간에 상대의 무지를 알아차렸을 때 이를 분명하게 밝히지 않은 채 대화를 마무리하기는 어려웠을 것이다. 소크라테스는 청년 시절에 제논에게 배웠는지도 모른다. 그래서인지 그는 엘레아학파의 논법을 잠시 빌려왔다.

우리는『구름』에서 아리스토파네스가 소크라테스의 산파술을 조롱하는 듯한 모습을 보았다. 소크라테스는 이미 뛰어난 교육자였다. 그리고『테아이토스』(150A 이하)에서 산파술에는 두 가지 측면이 있다고 말한다.

하나는 말할 것도 없이 출산을 돕는 일이고, 또 하나는 출산한 것을 잘 음미吟味하여 진위를 분별하고 그 안에서 참된 것만을 우리 정신의 가족으로 받아들이는 일로, 정신의 출산에는 이쪽이 오히려 중요하다. 이는 무지의 폭로에서 보이는 소크라테스의 부정적 음미를 변론하고, 정당화하기 위해 나중에 첨부된 해석이라고 볼 수도 있을 것이다. 하지만 의미 부여나 정당화는 '신을 위한 봉사'와 마찬가지로 나중에 덧붙인 것이라 해도, 음미 그 자체는 그러한 정당화에 앞서서 하나의 교육수단으로써 이미 실행되고 있었다고 보아야 한다.『소크라테스의 변명』에서 이야기하는 아폴론의 신탁은 소크라테스의 생애에 전환점이 되었다는 의미에서는 중요하지만, 소크라테스의 모든 것을 설명할 수 있는 만능 원리를 의미하지는 않는다. 아폴론 신탁 이전에도 소크라테스는 카이레폰이 경탄할 만큼 지혜로운 사람이었다. 우리가 『구름』에서 보는 것은 이와 같은 소크라테스와 카이레폰의 관계이다. 그는 교육자로서, 그리고 연구자로서 이미 주목할 만한 존재였다.

또 포티다이어 전투에 출정한 서른일곱의 소크라테스는 다음과 같았다고 한다.

고생을 견디는 일로는 전 군을 통틀어 그만한 사람이 없었다. 전장에서 흔히 연락이 끊기고, 먹을 것이 없을 때도 인내심이 강하기로는 누구도 이 사람과 대적할 수 없었다. 그런데 음식이 있을 때 이를 음미하고 즐길 수 있는 것 역시 이 사람뿐이었다. 게다가 이 지방의 겨울은 매우 혹독했는데, 추위를 견디는 데도 그는 남다른 데가 있었다. 특히 엄청나게 혹독한 추위가 몰려왔을 때 다른 사람들은 하나같이 밖에 나가지 않거나 밖에 나간다고 해도 최대한 두껍게 껴입고 신발을 신을 뿐 아니라 발을 펠트나 어린 양의 털가죽으로 감싸기까지 했는데, 소크라테스는 평소에 입던 겉옷만 걸치고 다니며 얼음 위를 신발도 신지 않고 신발을 신은 다른 사람들보다도 쉽게 건너갔다.

『향연』(219E 이하)에 나오는 알키비아데스의 이 이야기
는 만년의 소크라테스를 그대로 전반생에 투영시킨 플
라톤의 창작이 아니냐는 의혹을 받고 있다. 하지만 우리
는 『구름』(363, 416-7)에서도 이미 소크라테스의 이런 모습
을 보았다. 또 포티다이어 전투에서 막 귀환한 소크라테
스를 플라톤의 『카르미데스』에서도 볼 수 있다. 그가 오
랜만에 항상 가던 장소에 모습을 드러내자 카이레폰은
그를 발견하고 곧장 달려 나온다. 소크라테스의 무사 귀
환을 몹시 기뻐하며 전황을 듣기 위해서였다. 그 이야기
가 일단락되자 이번에는 소크라테스가 즉시 자신이 가장
관심을 두고 있는 일 즉, 지혜의 탐구와 청년들의 근황
에 관해 질문한다. 미소년 카르미데스가 크리티아스의
소개로 그의 옆에 앉아 질문을 하기 위해 그를 바라봤을
때, 소크라테스는 그 아름다운 살결을 얼핏 본 것만으로
도 넋을 잃고 말았다. 알키비아데스가 『향연』(216DE)에서
소크라테스가 아름다운 것에 약하다고 말한 것은 비꼬기
위해 한 말이었을 것이다. 하지만 '적정한 나이에 이른
청년들이 모두 아름답게 보인다'(Charm. 154B)는 말은 아

마 사실일 것이며, 젊은이들에 대한 애정이 그를 타고난 교육자로 만들었다고 할 수 있다. 크세노폰의 『향연』(8, 2)에서 말하는 것처럼 그가 누군가를 사랑하지 않는 때는 없었을지도 모른다. 그가 소년 시절부터 다이몬에 홀린 자였다는 사실을 우리는 이미 알고 있는데, 그는 에로스에 홀린 사람이기도 했다.

고대의 주석가는 이 두 가지가 소크라테스에게는 하나였다는 사실에 주목한다. 그리고 그 애정은 지혜와 젊은 영혼을 향했다. 그가 지혜를 사랑하는 자임과 동시에 청년들을 사랑하고, 항상 관심을 기울이지 않을 수 없었다는 점에 그의 교육자로서의 본질이 있다. 하지만 이것이 청년을 유혹하는 자라는 죄목으로 그를 죽음에 이르게 한 근본적인 이유였다고도 할 수 있다.

플라톤은 『소크라테스의 변명』에서 소크라테스를 죽음으로 이끈 사건의 발단이 카이레폰이 초래한 아폴론 신탁에 있다는 사실을 보여주려 하고 있다. 이른바 '신을 위한 봉사'가 사람들의 미움을 샀을 것이라는 사실은 쉽게 상상해볼 수 있다. 또, 청년들과 담론하는 대신 세속의 정치가나 실무가들을 상대하는 일은 그의 생활에 매우 새로운 변화임과 동시에 많은 위험을 내포하고 있었을 것으로 보인다. 하지만 아폴론 신탁과 함께 소크라테스의 근본이 달라진 것은 아니다. 다이몬의 신호, 지식욕, 청년에 대한 애정, 놀랄 만한 인내심, 철저한 논리 추구 모두 델포이 신탁 이전부터 존재했던 것이며 그 이후에도 변하지 않았다. 그리고 이것들 모두가 소크라테스 죽음의 원인이라 할 수 있다. 다만 델포이의 신탁이 이 모든 것의 중심이 되어 그것을 하나로 모으고, 그 각각에 '신을 위한 봉사'라는 의미를 부여한다는 점에서는 중요하다. 그런 의미에서 플라톤이 『소크라테스의 변명』에서 아폴론의 신탁에 전기적인 의미를 부여하고, 이를 강조하는 것 역시 뛰어난 이해의 깊이를 보여주는 것으로 소크라테스도 자기 자신을 그런 식으로 말했을지도 모른다.

6장

철학

1

델포이에서 시작된 아폴론 신탁이 소크라테스에게 어떻게 받아들여졌고, 그것이 그의 생애에서 어떤 의미를 지니는 것이었는지를 분명하게 알 수 있었다. 그것이 소크라테스의 생사에 중심적 의미를 지닌다는 사실은 부정할 수 없어 보인다.

하지만 카이레폰이 받은 신탁만을 독립적으로 취급하는 것은 역시 올바른 처사가 아니다. 이미 보았듯이 소크라테스의 생활에는 항상 다이몬이 개입하였고, 온갖 종류의 꿈의 계시가 그를 이끌고 있었다. 따라서 아폴론의 신탁 역시 이와 같은 관계의 일환으로 보지 않으면 안 된다. 다이몬의 신호는 항상 금지적이기 때문에 일단 논외로 친다고 하더라도 그 외의 것은 신탁과 어떤 관련이 있을 것으로 보인다. 『소크라테스의 변명』(33C)의 소크라테스는 무지의 폭로에 관해서 다음과 같이 주장한다.

그것은 신에게 명받은 일이다. 이는 신탁을 통해서 전달되었으며 꿈의 계시를 통해서도 전달되었다. 또, 그 외에 신의 결정으로 사람에게 무언가를 행할 것을 명받을 때는 다양한 방법이 사용되었다.

이는 우리의 상상이 맞았다는 사실을 뒷받침하는 것이다. 다만 카이레폰이 가져온 신탁은 기발하였기에 다른 이들과 이야기를 할 때 가장 효과적으로 거론되었을 것이다. 하지만 그것 말고도 소크라테스는 다양한 방식으로 신에게 같은 명령을 받고 있었다. 그를 죽음으로 이끈 것은 그의 내면에서 나온 필연에 속해있었다고 해야 한다.

그런데 신의 명령을 카이레폰이 가져온 신탁뿐 아니라 다른 여러 가능성을 두고 생각해보면 그 내용 역시 하나라는 사실을 알 수 있다. 아폴론 신탁만 두고 생각하면 신의 명령이라는 것은 인간의 무지를 폭로하기만 하는 부정적인 일에 한정되는 것처럼 보인다. 하지만 『소크라테스의 변명』의 소크라테스가 신의 명령으로서 이야기하고 있는 것은 다른 것들이 포함되어있었다.

사람이 어떤 장소에 그것이 최선이라고 믿고 그곳에 있거나, 혹은 연장자에 의해 그곳에 머무르게 되었을 때 나는 거기서 체념하고 위험을 무릅쓰지 않으면 안 된다고 생각한다. 죽음이나 다른 어떤 것도 계산에 들어가지 않는다. 그것보다 우선 부끄러움을 알아야 한다.

아테네 시민들이여, 나는 터무니없는 잘못을 범할 수

도 있다. 만약 내가 여러분이 선택한 나의 윗사람의 명령에 따라 포티다이어든 암피폴리스든 델리온이든 그들에 의해 배치된 장소에 다른 사람들과 마찬가지로 머무르면서 죽음의 위험을 무릅쓰며 신의 명령에 따라— 라고 나는 믿고, 해석했는데— 나 자신이든 다른 사람이든 면밀하게 살피며 지혜를 사랑하고 또 구하면서 살아가지 않으면 안 되는데, 그곳에서 죽음이나 다른 어떤 것을 두려워해 명령받은 장소에서 이탈한다면 그것이야말로 터무니없는 잘못을 저지르는 것이 아닐까. (28DE)

여기에 따르면 '자기와 다른 이를 면밀하게 살피고, 지혜를 사랑하며(=철학 하며) 사는 것'이 신의 명령이다. '자기와 다른 이를 면밀하게 살핀다'라는 말은 앞에서 말한 무지를 분명하게 밝히는 일에 해당한다고 생각할 수 있지만 '지혜를 사랑한다'라는 것은 완전히 별개의 일로도 보인다. 물론 무지를 분명히 밝히는 일은 반대로 지혜를 사랑하는 일이며 양자의 관계는 분명하다고 말할 수밖에 없다. 하지만 그러한 관계가 반드시 처음부터 자명하다고는 할 수 없을 것이다. '소크라테스보다 지혜로운 자는 없다'라는 말에서 무지를 폭로하는 것을 신의 명령으로 삼기까지는 이미 많은 해석이 필요했다. 거기서 더 나아가 철학적인 삶의 방식이 신의 명령이라고 하려면 더 많은 해석이 필요할 것이다. 소크라테스가 말하는 신의 명령은 이런 식으로 얼마든지 해석을 덧붙여 발전시킬 수 있는 체계적인 것이라고 할 수 있다.

'자기와 다른 이를 면밀하게 살핀다'라는 말도 단지 부정적인 무지 폭로에 그치지 않고, 어쩌면 앞의 산파술에서도 볼 수 있었듯 무언가 거론할 수 있는 것이 정신의 산물 가운데 포함되어있지 않은지 적극적인 의도를 가지고 살피는 일과도 연결될 수 있을지 모른다. 애지愛智로서의 철학과의 관계는 이러한 적극적인 전환에 의한 것이어야 한다.

하지만 신의 명령으로서의 철학은 소크라테스에게는 겨우 여기서 머무는 것이 아니었다. 『소크라테스의 변명』(29C 이하)의 소크라테스는 아테네 법정이 앞으로는 '지금까지 해온 탐구 생활은 하지 말 것, 지혜를 사랑하는 일은 더는 하지 않을 것'을 조건으로 그를 무죄 방면할 가능성을 염두에 두고 다음과 같이 말한다.

아테네 시민들이여, 나는 당신들에게 무한한 애정을

가지고 있다오. 하지만 당신들에게 굴복하기보다는 신에게 굴복할 것이오. 즉, 내 숨이 붙어있는 한, 나에게 그것이 가능한 한, 결코 지혜를 사랑하는 일을 멈추지 않겠소. 나는 언제 누구와 만나도 여러분에게 권고하고, 천명하는 일을 멈추지 않을 것이오.

그는 애지로서의 철학은 신의 명령이기에 절대로 그만 둘 수 없다고 딱 잘라 말한다. 그런데 그것과 직접 결부된 소크라테스의 권고란 어떤 것일까? 그의 말을 계속해서 들어보자.

그때 나의 말은 항상 하던 말과 다르지 않소. 매우 뛰어난 자여, 자네는 아테네라고 하는 지적 능력에서나 군사력에서나 가장 평판 좋은 위대한 수도의 사람이면서 그저 가능한 한 많은 금전을 자기 것으로 만드는 데만 마음을 쓰다니 부끄럽지도 않은가? 평판이나 지위는 신경 쓰면서 생각이나 진실에는 신경을 쓰지 않고, 또 자신의 정신을 훌륭한 것으로 만드는 일에도 신경을 쓰지 않고, 걱정도 하지 않는 것 같소. 여러분 가운데 누군가가 이의를 제기하면서 자신은 그것에 마음을 쓰고 있다고 주장한다면 나는 그를 보내지 않고, 나 역시 떠나지 않고 묻고, 살피고, 음미하겠소.

소크라테스가 신에게 명령받은 일이란 이런 적극적인 내용이었던 것이다. 그런데 이것이 카이레폰이 가져온 신탁과 어떻게 연결되는 것일까?

2

앞에서 아폴론 신탁에서 문제가 되는 지혜는 전문적 지식을 가리키는 것이 아니라 선하고 아름다운 일, 소중한 일과 관련이 있다는 사실을 알았다. 소크라테스는 부와 명예 외에 인간이 특히 유의해야 하는 더 중요한 게 있다고 말한다. 부지不知의 지知나 무지無智의 자각은 그것만으로는 허무한 형식에 불과하다는 생각도 든다. 우리는 일정한 사건을 앎으로써 자신이 그것을 안다는 사실을 알 수 있고, 어떤 사람이 그것을 모른다는 사실을 알 수도 있다. 그런데 자신이 모른다는 사실을 우리는 어떻게 알 수 있을까? 그것은 더는 그 일을 알고 있다는 사실에 따른 것이 아니다. 하지만 알아야만 하는 바로 그 사건 없이 모르고 있다는 사실을 아는 것은 성립하지 않는다.

무지란 항상 무언가에 대한 무지다. 소크라테스의 문답법에서 끝끝내 대답할 수 없는 궁지에 몰릴 때 우리는 비로소 자신의 무지를 깨닫게 된다. 즉, 부지不知가 어떤 부지인지는 질문 가운데 드러나는 것이다. 우리는 이것들의 관계를 플라톤의 『카르미데스』(164D 이하)에서 살펴볼 수 있다. 소크라테스가 문답을 통해 드러내려 했던 무지, 혹은 무지의 자각이라는 것은 여기서도 볼 수 있듯이 매우 중요하다. 결국 그것은 『카르미데스』(174C)의 암시에 따르면 '선악의 지'라고 불리는 것의 결여일 것이다.

많은 사람이 '너 자신을 알라'라는 말을 소크라테스의 이름과 결부 지어 말한다. 그런데 플라톤은 이러한 관련성에 대해 『파이드로스』(229E)에서 가볍게 다루고 있을 뿐이다. 아마도 '너 자신을 알라'라는 말과 소크라테스를 관련짓는 것은 아리스토텔레스 초기 저작인 『철학에 관하여』에서 시작되었을 것이다. 이 책에서는 소크라테스가 델포이에 가서 그곳 아폴론 신전에 오래전부터 걸려있는 '너 자신을 알라'라는 글귀에 감명을 받아 이를 그의 철학의 출발점으로 삼았다고 전한다. 물론 이것은 아리스토텔레스의 창작이다.

옛날부터 알려져 있던 일반적인 말이 카이레폰이 가져온 신탁으로 소크라테스를 아폴론의 사도가 되게 만들었다는 말은 아마도 사실이 아닐 것이다. 아리스토텔레스의 초기 저작은 문학 작품에 가까웠다. 하지만 소크라테스가 토론을 하며 이 유명한 말을 사용했을 거라는 상상은 해볼 수 있다. 앞에서 말한『카르미데스』(164D) 외에도『필레보스』(48C),『프로타고라스』(343B),『알키비아데스』(124AB) 등에 이 말이 인용되었다. 또 크세노폰의『소크라테스 회상』(4, 2, 24-30)에서도 소크라테스는 '자기 역량을 아는 일'의 필요성을 설명하기 위해 이 말을 사용한다. 하지만 이는 지나치게 크세노폰식의 교훈이라고 할 수 있다. 만약 '너 자신을 알라'가 소크라테스 철학에서 어떤 중심적인 의미를 지닌다면 이는 역시 우리 자신이 근본적으로 부족하다는 사실에 대해 스스로 아는 것이 아니면 안된다라는 뜻이며, 가장 중요한 일에 대한 우리 자신의 무지를 자각하는 일과 관련된 것이어야 한다는 뜻이다.

여기서 다시 한번『소크라테스의 변명』의 소크라테스에 대해 우리가 유의해야 할 큰일이 도대체 무엇인지 들어보도록 하자.

내가 믿는 바로는 여러분을 위해 이 수도에서 신에 대한 나의 봉사 이상으로 큰 선은 아직 하나도 행해지지 않았소. 즉, 내가 돌아다니며 행하는 일이라고는 그저 다음과 같은 일일 뿐이오. 여러분이 젊은이든 노인이든 누구든 정신을 가능한 한 훌륭하게 만들도록 충분히 신경을 써야 하고, 그것보다 먼저, 혹은 같은 정도로라도 신체나 금전에 대해 신경 써서는 안 된다고 설득하는 것이오. 그것은 금전을 아무리 모아도 거기에서 훌륭한 정신이 태어나는 것이 아니고, 금전 따위가 인간에게 선하게 되는 것은 공적으로나 사적으로나 모두 정신의 훌륭함에 의해서라고 말하는 것이오. (30AB)

오늘날의 우리에게는 평범한 가르침처럼 보인다. 이러한 이야기는 질리도록 들은 것 같다. 우리는 정신을 가꾸는 일보다는 금전이나 육체나 명예나 평판을 신경 쓸 수밖에 없다. 하지만 그렇기에 소크라테스의 언행은 좋든 싫든 우리의 궁금증을 자극한다. 그는 우리와 반대의 것을 믿고, 우리와 반대되는 말을 하고, 우리와 반대되는 일을 행하다가 죽임을 당했기 때문이다. 어쨌든 우리는 일단 그가 하려 했던 말이라도 이해해보기로 하자.

3

이상에서 소크라테스는 신의 명령으로써의 자신의 철학, 혹은 신을 위한 봉사로서의 자기 일이 어떤 것인지를 단순하고 소박한 말로 전했는데, 언제나 '정신을 훌륭한 것'으로 만드는 일이 가장 중요하다고 말한다. 금전, 평판, 명예, 육체 등은 이것과 대립된다. 하지만 다른 부분(36C)에서는 같은 의미의 말을 달리 표현한다.

여러분 모두는 자기 자신이 가능한 한 훌륭하고 사려 깊은 자가 되도록 노력해야 하며, 외적인 조건에 불과한 것에 온통 마음을 빼앗겨서는 안 됩니다.

즉, 여기서는 자기 자신과 밖에서 부가된 것을 근본적으로 구별하고 있다. 소크라테스가 '정신(프시케)'이라는 이름으로 부르는 것은 바로 자기 자신이다. 그는 만일 사람이 생명을 잃으면 온 세상을 손에 넣어도 아무 소용이 없다고 말한다. 그건 우리도 마찬가지다. 자기 자신을 잃고 만다면 금전이나 명예를 아무리 쌓는다 한들 아무 소용이 없다.

신체의 근원인 정신이 썩었다면 아무리 먹을 것과 마실 것이 있어도 또, 아무리 부나 권력이 있어도 사는 보람이 없는데, 근원적인 것(생명, 영혼)이 흐트러지고 썩어도 자기 마음대로 할 수만 있으면 사는 보람이 있다고 과연 말할 수 있는지 없는지를 굳이 따지는 것도 우스운 일이다.

이와 같은 내용이 플라톤의 『국가』 제4권 끝부분(445AB)에 나와 있는데, 이는 또 『크리톤』(47E)에서 소크라테스가 견지한 입장이기도 하다. 소크라테스의 이러한 생각은 몸이 아프면 다른 무엇을 더해도 인생은 불행한 것이며 몸 대신 정신이나 영혼 혹은 목숨을 대입해도 큰 뜻은 변하지 않는다는 뜻으로 새길 수 있다.

버넷J. Burnet은 유명한 논문 「Socratic Doctrine of the Soul」(Essays and Addresses, 1929, p.126-162)에서 소크라테스 철학이 평범하다는 세평에 맞서기 위해서 여기서 말하는 '프시케'가 매우 새로운 개념이라고 주장하면서 이것이 철학사에서 소크라테스의 중요한(혹은 유일한) 공적이라고 말한다. 즉, '프시케'가 '정상적인 의식normal consciousness'이라는 의미에서 '자아'(self, I)와 동일시되는 것은 소크라테스에게서 유래했다는 것이다. 그 이전에는 이 단어가 호메로스 이후의 어쩐지 기분 나쁜 '망령 ghost'이라는 의미를 지닌 채 의식 아래의 비정상적인 것이나 우리의 동물적 요소와 연결되어있을 뿐, 정상적이고 일상적인 의식과는 관계가 없는 것으로 여겨졌다. 이 의식적인 면은 자연과학자에 의해 거론되었지만, 그들은 이것을 우리의 자아로 보기보다는 오히려 외부의 자연으로 설명했다. 소크라테스가 처음으로 '프시케'를 의식 아래 숨겨진 자아가 아니라 의식된 자아와 동일시하고, 더 나아가 종교가가 숨겨진 자아에 대해 같은 주의를 기울이도록 요구한 것이다. '프시케'의 소크라테스적 개념에 대한 이러한 규정이나 기원전 5세기 '프시케'의 의미에 대한 버넷의 이해에 난점이 없다고는 할 수 없지만 이에 관해서는 나중에 논하기로 하자.

그런데 소크라테스의 철학을 이와 같은 '프시케'에 대한 새로운 학설이라고 설명하는 것은 올바른 이해는 아닌 것 같다. 신의 명령으로써의 소크라테스 철학이 버넷이 해석하는 것처럼 '프시케' 개념을 예기豫期하는 것이었다 해도 소크라테스의 주장 자체가 이러한 학설을 주장하는 것이었다고는 할 수 없다. 이는 소크라테스를 개념의 발견자, 혹은 귀납법의 발견자로 여기고 그 외의 소크라테스에 대해서는 알려 하지 않는 아리스토텔레스 이후의 학문적 태도와 궤를 같이한다. 다이몬에 이끌렸던 소크라테스는 버넷의 과학주의, 혹은 실증주의적 사고방식에 있어서는 완전히 이해의 범위 밖에 있었던 것인지도 모른다. 그리고 소크라테스 철학에 대한 버넷의 해석도 이러한 한계 속에 머물러 있는 것 같다.

하지만 이것들이 단순한 정신주의적 주장과 반드시 일치하지는 않는다. 우리가 앞에서 인용한 바 '금전을 아무리 모아도 거기에서 훌륭한 정신이 태어나는 것이 아니며, 금전 이외의 것이 인간을 위해 선하게 되는 것은 공적으로나 사적으로나 모두 정신의 훌륭함에 의한 것'이라는 말은 '금전에서 덕이 생기는 것이 아니라 덕에서 금전과 그 밖의 선한 것이 생긴다'라는 식으로 해석되는 경우가 있는데, 이것이야말로 저속한 정신주의다. 금전과 그 밖의 것을 미리 선이라고 정하고, 이를 낳기 위한 수단으로 덕을 생각하기 때문이다. 하지만 덕이든 정신이든 거기에서 금전과 그 밖의 무언가가 생긴다는 것은 소크라테스의 생각 속에는 없다. 그가 하려던 말은 '금전이나 명예는 반드시 사람을 행복하게 해주는 것은 아니다. 그것들이 인간의 행복에 도움이 되려면 무언가 훌륭한 정신을 필요로 한다'라는 것뿐이다.

4

소크라테스는 평범한 말을 하는 사람이었지만, 그와의 만남이 당시 사람들에게 불러일으킨 감동은 부나 권력이나 미모나 건강이나 체력 등 평소 그들이 소중히 여기던 것들이 실은 '허무한 것이 아닐까' 하는 생각을 품게 할 정도로 강력한 충격이었을 것이다. 『향연』(217E)에서 알키비아데스는 이를 독사에 물린 경험에 비유한다. 소크라테스는 그로 하여금 다음과 같이 고백하게 만든다.

지금 상태로는 삶의 보람이 없다는 기분을 몇 번이나 느끼게 했습니다. 그리고 지금도 만약 내가 이 사람이 하는 말에 귀를 기울이려고만 하면 아무리 저항해봤자 이전과 같은 경험을 하게 될 거라는 사실을 저 자신도 잘 압니다. 이 사람은 나 자신에게 아직도 크게 부족한 부분이 있는데, 그런 나 자신을 등한시하고 아테네의 일에 쓸데없는 참견을 하고 있다는 사실을 지적하여 동의하지 않을 수 없게 만들 것이 뻔합니다. 그래서 저는 사이렌에게 붙들리지 않기 위해 하는 것처럼 귀를 막고 멀리 도망치는 것입니다. 이 사람 옆에 앉은 채로 그곳에서 나이를 먹으면 큰일이니까요. (216A)

그는 소크라테스에 대해 다음과 같이 말했다.

도무지 미인 따위에는 아무런 관심도 두지 않을 뿐 아니라 누구도 상상하지 못할 정도로 이를 경시합니다. 또 부자에 대해서도, 그 외에 세상 사람이 부러워할 명예를 가진 자에 대해서도 마찬가지입니다. 이 사람은 그런 소유는 무가치할 뿐 아니라 우리가 결국은 무無에 지나지 않는다고 생각합니다. 그런데도 세상 사람과 피상의 세계에서 유희적인 만남을 가지면서 평생을 보냅니다. (216DE)

여기서 '피상의 세계에서'라고 번역된 말은 '소크라테스의 아이러니'(에이로네이아)라고 불리는 것에 해당한다.

소크라테스는 종종 이런 말로 비난받았다. '에이로네이아'란 진실이 결여된 상태로 자신을 있는 그대로 드러내지 않고, 표면을 거짓으로 만들거나 실제보다 크게 보이거나 실제보다 낮게 보이는 경우 가운데 후자 즉, 거짓 겸양(비하)을 가리킨다. 『국가』(336E-337A)에서 트라시마코스가 소크라테스와 폴레마르코스의 정의에 관한 문답이 봐주기 식의 미적지근한 내용에 불과하다면서 화를 내며 이점을 호되게 비난했을 때 소크라테스는 다음과 같이 말했다.

"그렇게 화내지 말게, 트라시마코스. 우리가 토론을 진행하며 무언가 잘못을 범했다고 해도 이는 일부러 그런 것이 아닐세. 다만 우리에게 능력이 없는 것뿐일세. 그러니 자네 같은 현인은 우리에게 화를 내기보다 동정해주는 게 마땅하네."

그러자 트라시마코스는 심술궂게 소리 내어 웃으며 "이건 또 늘 하는 소크라테스 식의 모르쇠(에이로네이아)인가, 제발 살려줍쇼"라고 응수한다. 자신을 무능력자의 위치에 놓고, 상대를 현인이라고 추켜세우는 것은 방심할 수 없는 소크라테스의 독특한 비아냥이며 그 수법에는 속지 않겠다는 말일 것이다.

우리는 소크라테스의 아이러니를 아폴론 신탁을 해석할 때 이미 보았기에 쉽게 이해할 수 있다. 정말로 지혜로운 자는 신뿐이다. 이에 비하면 인간의 지혜는 무無에 가깝다. 인간의 부유함이나 명예, 미모나 체력도 헛된 것이다. 하지만 사람은 각자 그러한 것을 신뢰하면서 다른 사람을 깔본다. 소크라테스는 이미 알키비아데스가 지적한 것처럼 이런 모든 것이 무가치하다고 생각했다. 그런데도 세상 사람과 어울리려면 그가 마음속 깊은 곳에서 '아니다'라고 말하고 싶은 것에 대해서 '옳다'고 하지 않으면 안 된다. 그리고 그것이 아이러니가 된다. 스스로 지혜가 있다고 믿고, 세상 사람들에게도 그렇게 인정받는 사람을 상대로 아폴론의 신탁을 시험하려 하는 소크라테스가 빈정거리는 태도를 보이고 있다고 할 수밖에 없다. 그 결과로 소크라테스라는 사람의 모든 존재가 하나의 아이러니로 나타난다고 할 수 있다.

『향연』의 알키비아데스가 소크라테스를 추잡한 용모를 한 사티로스(그리스신화에 나오는 반인반수의 모습을 한 자연의 정령들—역주) 혹은 실레노스(일반적으로 늙은 사티로스들을 통칭하는 이름—역주)의 보물 상자에 비유한 이야기는 잘 알려져 있다.

여러분에게 보이는 소크라테스는 미소년을 사랑해 넋을 놓고 쫓아다니는 소크라테스이며, 만사를 분별하지 못하고 아무것도 모르는 소크라테스입니다. 그의 겉모습이 정말 실레노스 같지 않습니까? 그런데 이는 실레노스 조각과 마찬가지로 이 사람의 겉을 감싸고 있는 껍데기일 뿐입니다. 그 안에 얼마나 많은 절제가 가득 차 있을지 짐작이 가십니까? (중략) 어쨌든 나는 그 안에 들어있는 보물을 본 적이 있습니다. 그것은 순금으로 된 신상神像으로 경탄할 만큼 아름다운 물건으로 보였습니다. (216DE)

알키비아데스는 이렇게 말한다. 조피로스라고 하는 관상가가 소크라테스의 얼굴을 보고 식견이 좁고 정욕에 기우는 성질을 지녔다고 말하자 그 자리에 있던 사람들이 웃기 시작했다. 소크라테스가 이를 제지하며 '조피로스가 하는 말은 모두 맞다. 나에게 그런 경향이 있지만 로고스로 이를 견뎌내고 있다'라고 말했다는 반쯤 지어낸 듯한 이야기도 전해진다. 어쨌거나 우리가 여기서 보는 것은 외면과 내면의 현저한 모순이다. 이에 대비되는 것이 세상 사람들의 모순이다. 그들은 외면의 아름다움이나 힘으로 장식되어있지만, 그것들은 덧없는 것이며 그 내면은 무無다. 이런 그들이 소크라테스와 만나면 내면을 폭로당하고, 최초의 우열 관계가 뒤집힌다. 자신의 부유함, 강함, 아름다움, 재능을 믿고 세상이 제 것인 양 사는 사람들 눈에는 가난하고 추한 소크라테스는 웃음거리, 경멸해야 할 존재에 불과했다. 그런데 그런 소크라테스 앞에서 그들은 점차 자부심을 잃고, 끝없는 불안을 느껴야 했다.

크세노폰의 『소크라테스 회상』(3, 11)에는 아름다움을 자부하는 테오도테라는 여자의 모습이 조금 천박하게 묘사되어있다. 우리는 그들의 이와 같은 무력화를 통해 소크라테스 내면이 일종의 힘을 얻어가는 것을 느낀다. 하지만 이 전환은 소크라테스의 추한 얼굴, 평범한 말, 가난한 모습 등을 하나의 가면으로 바꾼다. 이 겉모습에 속았다고 생각하는 사람들은 자신의 어리석음을 탓하기보다 소크라테스의 겉모습이 아이러니라며 미워한다. 그리하여 소크라테스의 존재 자체가 하나의 아이러니가 되어 사람들을 불안과 절망에 빠뜨렸다. 이는 소수에게는 새로운 철학의 길을 열어주었을지 모르겠지만, 다수는 이러한 식으로 자신의 무無를 인정하는 일을 죽음처럼 두려워했을 것이다. 소크라테스가 저주받고 죽임을 당해야만 했던 이유가 여기에 있다고도 할 수 있다. 『소크라테스의 변명』(30E-31A)의 소크라테스는 자신을 등에에 비유하며 사람들을 깨우기 위해 아테네라고 하는 몸집은 커다랗지만 둔한 말에게 등에처럼 신이 붙여놓았다고 말하는데, 아테네 시민은 '막 잠이 들려던 찰나에 잠을 깬 사람들처럼 화를 내며' 시끄러운 그를 때려서 죽이고 말았던 것이다.

5

이제 다시 한번 소크라테스의 평범하고 진부한 철학으로 돌아가 그가 하려던 말을 더 따라가 보자. 『향연』(221D-222A)의 알키비아데스에 따르면 소크라테스가 하는 말은 다음과 같았다고 한다.

열어보도록 되어있는 실레노스상과 매우 닮았다. 왜냐하면 누군가가 시험 삼아 소크라테스가 하는 말을 들어보려 하면 처음에는 매우 우습게 보일 것이기 때문이다. 즉, 그러한 말이나 문구로 포장되어있지만 이는 그야말로 사티로스의 겉껍질로 아폴론에 의해 벗겨지는 부분이다. 왜냐하면 그가 화제로 삼는 것은 짐을 옮기는 늙은 말이나 대장간이나 구둣방, 가죽 가게 따위며 항상 같은 말을 하는 것처럼 보이기 때문에 이런 경험이 없는 생각 없는 자는 누구라도 이런 말을 무시하며 웃을 것이다. 그 열린 부분을 따라 안쪽으로 들어가 본다면 세상에는 여러 가지 말이 있지만, 소크라테스의 말만이 의미있다는 사실을 제일 먼저 발견할 것이다. 다음으로는 그것이 성스럽기 그지없으며 그 안에 덕스러운 모습을 상당히 많이 지니고 있을 뿐 아니라, 무릇 훌륭하고 뛰어난 인간이 되려는 자가 고찰하기에 걸맞은 것 대부분이, 아니 전부가 거기에 포괄되어있다는 사실을 알게 될 것이다.

그렇기에 우리 역시 소크라테스 철학의 평범함을 경시한다면 분별 있는 자들에게 비웃음을 살 수밖에 없다. 소크라테스의 아이러니는 오늘날에도 여전히 살아있다.

그렇다면 소크라테스가 '신을 위한 봉사'로써 사람들에게 설명하고 다닌 철학은 어떤 것이었을까? 지금까지 살펴본 바로는 '정신을 훌륭하게 만든다'라거나 '자기 자신을 훌륭하게 만들고, 사려 깊은 사람이 된다'라는 것이 그의 근본적인 생각이었다. 소크라테스 경고는 단지 '정신에 집중하라'거나 '자신을 소중히 하라'는 것이 아니다. 그 가르침의 중심에는 '가능한 한 훌륭해지도록' 신경을 쓰라는 뜻이 담겨있다. 『소크라테스의 변명』(41E)에서 소크라테스는 자기 자녀들을 언급하면서 "만약 여러분 눈에 그들이 덕보다도 금전이나 그 외의 것에 신경을 쓰는 것처럼 보이거나 아무런 결실도 없는데 이미 대단한 사람이 된 것처럼 으스대는 듯 보인다면, 내가 여러분에게 했던 것과 같이 신경 써야 할 곳에 신경을 쓰지 않고 아무런 가치가 없는 사람이면서 대단한 사람인 줄 안다며 그들의 부정을 책망해주게"라고 말했던 것이다.

앞에서 본 바와 마찬가지로 여기서는 '금전이나 그 외의 것'보다 우선 '신경 써야 할 것'이 '덕'이라고만 말한다. 이 말은 앞에서도 나왔는데, 문장의 전후 관계에서 알기 쉽게 '정신의 탁월함'이라고 옮겨놓았다. 이 부분에서도 '자기 자신을 잘 되게 하는 것보다 금전이나 그 밖의 것에 먼저 신경을 쓴다'라고 말하면 지금까지 했던 말과 같은 의미가 되어 특별히 주의를 끌지 못하고 지나쳐버리고 말 것이다. 그리스인이 말하는 '덕'은 '좋은 사람'의 '좋음'을 가리키는 것으로 일반적으로 우수성, 탁월성, 유능성을 나타내는 말이라고 할 수 있다. 따라서 자기 자신이든 정신이든 '가능한 한 훌륭하게' 만들도록 마음을 쓰거나 주의해야 한다는 말을 '덕에 유의한다'라는 말로 쉽게 바꿀 수 있었을 것이다. 또 이러한 말 바꾸기가 소크라테스에 의해 이루어졌다는 사실은 그의 생각의 중심에 있는 것이 정신(프시케)의 성질에 대한 어떤 학설 같은 것이 아니라, 정신이나 자기 자신을 '가능한 한 훌륭하게' 만드는 일 즉, 덕을 성취하는 데 있었음을 나타낸다고 해석할 수 있다. 소크라테스는 다른 부분(31B)에서도 신에 의해 부과된 자신의 임무를 '마치 아버지나 형제처럼 한 사람 한 사람을 만나 덕에 유의하도록 설득하는 일'과 같다고 말한 바 있다. 소크라테스 철학의 중심을 가장 간단한 말로 나타낸다면 그것은 아마 '덕德'일 것이다. 우리는 앞에서 소크라테스가 생각하는 신의 명령이란 '자기와 다른 사람들을 잘 살피고, 지혜를 사랑하며 사는 것'이라는 사실을 알았다. 그는 이런 철학을 바탕으로 '그저 금전을 가능한 한 많이 자기 것으로 만드는 데에만 마음을 쓰고, 정신을 가능한 한 훌륭하게 만드는 일에는 신경을 쓰지 않고, 걱정도 하지 않는' 아테네인을 비판했다. 또 이의를 품는 자가 있으면 그 사람과 문답을 통해 그의 진의를 알아보고, 음미했다고 한다. 다음과 같은 내용이 바로 뒤이어 나온다.

그리고 그 자가 스스로 덕을 가지고 있는 것처럼 말하지만, 아무리 보아도 가지고 있지 않다고 판단된다면 나는 가장 소중한 것을 등한시하고, 보잘것없는 것을 그 가치에 걸맞지 않게 소중히 여긴다고 그 자를 나무랄 것이다. (29E-30A)

즉, 『소크라테스의 변명』에서 처음으로 소크라테스 철학이 천명될 때 이미 '덕'은 정신을 '가능한 한 훌륭하게 만든다'라는 말을 변형시킨 것으로 이야기되고 있었던 것이다. 앞의 인용에서 볼 수 있듯 『소크라테스의 변명』 마지막 부분에서도 소크라테스는 자기 자녀들에 대해 다른 아테네인에게 한 것처럼 엄하게 말해달라고 부탁하는 형태로 '덕보다도 금전이나 그 외 것에 우선 신경을 쓰는 것'은 '신경 써야 할 곳에 신경을 쓰지 않고 아무런 가치가 없는 자이면서 대단한 자인 줄 아는 것'과 같다는 그의 일관된 생각을 보여준다.

6

우리는 앞에서 아폴론 신탁에서 문제가 되는 지혜와 무지가 일반적인 지식이 아니라 어떤 '소중한 일' '선하고 아름다운 일'에 관한 것이어야 한다는 사실을 알았다. 또 소크라테스의 철학적 호소 가운데는 부나 명예 외에 인간이 특별히 유의해야 하는 가장 중요한 것이 있다는 사실을 이야기하고, 자기 자신을 가능한 한 훌륭하게 만들라고 권고하는 것도 보았다. 그리고 그는 그것을 덕이라는 말로 요약했다.

금전과 그 외의 것에 유의하고, 덕에 유의하지 않는 것은 곧 '가장 소중한 것을 가장 등한시'하는 일이며 또 '신경을 써야 하는 곳에 신경을 쓰지 않는 것'이다. 반대로 덕에는 유의하지 않고 금전과 그 외의 것에만 유의하는 것은 '보잘것없는 것을 그 가치에 걸맞지 않게 소중히 여기는 일'이며 또 '아무런 가치가 없는 자이면서 대단한 자인 줄 아는 것'과 같다. 이 마지막 경우는 금전과 그 외의 것, 본래 무가치한 것을 믿고 스스로 대단한(뭐라도 된 것처럼) 사람인 것처럼 생각하는 것은 '보잘것없는 것을 그 가치에 걸맞지 않게' 높게 평가하는 데서 비롯된다. 문제가 되는 무지는 곧 이러한 거짓 추측과 판단이다.

플라톤은 『국가』 제4권(443CE)의 정의에 관한 유명한 논의에서 이를 외면하는 것보다 마음속에 통일과 조화를 구하고, 결론을 내리고 보존하는 행위가 올바름이며 이러한 행위 위에 서는 지식이 지혜이며 이러한 조화를 파괴하는 행위를 따르는 판단이 무지라고 말한다. 플라톤의 논의를 여기에서 개입시킬 필요는 없지만, 우리가 문제 삼고 있는 무지 역시 이러한 방식으로 규정되어야 하는 게 아닌가 싶다. 즉, 소크라테스가 말하는 무지는 아무것도 모르는 상태가 아니라 오히려 아무것도 아닌 것을 무언가라고 생각하고 중요한 일을 아무것도 아니라고 생각하는 일종의 착각이며, 잘못된 신념 같은 것이라고 할 수 있다.

따라서 지혜를 사랑하고 구한다는 말은 막연한 지식욕이 아니라 이러한 무지와의 싸움이며 그 사이에서 올바른 평가를 회복하려는 노력이라고 보아야 한다. 소크라테스는 '나 자신이든 다른 사람이든 누구든 자세히 들여다보고 지혜를 사랑하고 구하면서 사는 것'을 그가 받은 신의 명령이라고 해석했는데, 이와 관련하여 다음과 같이 말한다.

인간에게는 덕과 그 밖에 것에 대해 매일 이야기하는 일이 가장 큰 선함인데, 내가 그것에 관해 묻고 대답하면서 자신과 타인을 음미한다는 것을 여러분은 들었을 겁니다. 이에 반해 음미하지 않는 생활을 하는 것은 사는 게 아닙니다. (38A)

신에게만 지혜가 있다고 한 그는 인간에게는 '지혜에 대한 사랑愛智'만을 허락했다. 『파이드로스』(278D) 등에서 엿볼 수 있는 이와 같은 생각은 아폴론 신탁을 통해서도 이미 드러나 있었다. 애지로서의 철학은 소크라테스에게 부과된 신성한 의무임과 동시에 모든 인간에게 최고의 기쁨을 선사하는 길이었다. 철학이란 덕과 그 밖의 것에 관한 토론을 통해 끊임없이 자기와 다른 사람의 삶을 음미하는 일이었다. 우리는 여기서 철학 담론과 자기와 다른 사람의 삶의 음미가 덕을 중심으로 한다는 사실에 주의해야 한다. 이는 소크라테스 철학의 구체적 내용을 보려고 앞에서(174~175쪽, 193쪽) 인용한 바 있는 『소크라테스의 변명』(29DE)에서도 덕을 지녔느냐 아니냐가 음미의 중심이 되었던 것을 확인하는 일이라고 할 수 있다.

이미 언급했듯이 소크라테스의 일이 온갖 윤리 도덕의

영역에 제한되었다는 것은 아리스토텔레스 이후의 일반적인 해석인데, 소크라테스의 내적 충동에 대해서는 깊이 생각하는 사람이 없었던 것 같다. 하지만 이상에서 살펴보았듯이 소크라테스가 문제 삼은 지와 무지가 일반적인 의미의 지식이 아니었다고 한다면, 문제를 덕을 중심으로 바라보게 되는 것은 오히려 당연하다고 할 수 있다. 이를 일방적으로 소크라테스 철학의 약점처럼 말하는 것은 올바른 이해가 아니다.

7

우리는 여기서 한 가지 어려움에 직면하게 되었다. 왜냐하면 한편으로 소크라테스 철학은 문자 그대로 지혜를 사랑하고 구하는 것이며, 그 근본에 지와 무지의—신과 인간 사이에 있는—절대적인 구별을 전제하는 것이었다. 하지만 다른 한편으로 그는 덕을 중심으로 삼고 '덕에 유의하라'라는 말을 근본 숙명으로 삼았다. 이 두 가지는 어떻게 하나가 될까? 우리는 이 문제를 '소크라테스 철학에서의 지와 덕의 관계를 어떻게 생각하느냐' 하는 문제로 바꿔놓을 수 있다. 하지만 우리는 지금 여기서 토론다운 토론을 할 수가 없다. 그래서 지금까지 이야기한 것에 관해 한두 가지 주의할 점을 언급하는 데서 멈추려 한다.

우선 지금까지 인용한 『소크라테스의 변명』의 문장에서 여기에 도움이 될 만한 부분을 두 군데 고를 수 있다.

'자기 자신을 가능한 한 훌륭하게 만들고, 사려 깊은 사람이 된다'(36C)가 첫 번째인데 '사려 깊은 사람'은 '훌륭한 사람'의 예를 들기 위해 덧붙인 것이라고 해석된다. 이미 보았듯이 '훌륭한'이라는 형용사를 '탁월성'이나 '우수성' 등으로 명사화하면 그리스어의 '덕'이 되고 '사려 깊음'(프로네시스)은 이러한 덕 가운데 하나다. 게다가 이 '프로네시스'는 아리스토텔레스 이전에는 '소피아'(지혜)와 거의 같았다. 따라서 이것들을 등식으로 생각하면 '지혜를 사랑하고 구한다'라는 것은 '덕에 유의'하는 것의 범주에 속한다고 할 수 있다. 비슷한 예로 다음과 같은 비판을 들 수 있다.

평판이나 지위는 신경 쓰면서 생각이나 진실에는 신경을 쓰지 않고, 또 자신의 정신을 가능한 한 훌륭한 것으로 만드는 일에도 신경을 쓰지 않는다. (29E)

여기서는 '사려 깊음' 외에 '진실'을 이야기하고 있는데, 이것도 성품이나 정신의 덕을 나타낸다고 말할 수 있다. 여기서는 앞의 경우와 반대로 개개의 덕을 먼저 제시하고 거기에 근거해 정신의 탁월성(덕)을 이야기하는 것처럼 보인다. 우리는 이 두 가지 예를 통해 소크라테스가 말하는 덕과 지의 관계를 일단 밝힐 수 있었다.

하지만 그가 덕의 예로 항상 '프로네시스'(사려 깊음, 지혜)를 드는 이유는 지혜가 덕을 대표하기 때문이라고도 할 수 있다. 따라서 덕 가운데 지혜가 차지하는 특별한 지위를 다시 한번 문제 삼아야 한다. 아리스토텔레스의『니코마코스 윤리학』(6, 13)이나『에우데모스 윤리학』(1, 5)에는 소크라테스가 '모든 덕은 프로네시스(사려 깊음) 혹은 지식이다'라고 주장한 것으로 되어있다. 이것이 사실이라면 지와 덕은 둘이 아니라 하나가 되기 때문에 우리의 문제 역시 쉽게 해결된다. 이러한 소크라테스의 생각이 곧 주지주의主知主義이고 사람은 용기의 정의를 알면 그것으로 이미 용기를 얻은 것과 마찬가지라는 일종의 패러독스적인 주장이 된다. 그렇지만 하나의 이론적 지식이 그것만으로 충실한 실천 근거가 될 수 있는지는 오늘날까지 의문시되고 있다. 소크라테스도 단순히 패러독스를 주장한 것 같지는 않다. 지금껏 우리는 아리스토텔레스 계통의 학문적 해석이 소크라테스 철학의 일면을 독립적으로 다루는 바람에 그 전체적인 의미를 잃어버린 것을 보았다. 소크라테스의 지혜는 일반적인 이론적 지식 혹은 과학적 지식 같은 것이 아니었다. 따라서 소크라테스의 덕과 지에 관한 주장을 일반적인 주지주의의 형태로 쉽게 치환할 수는 없다.

8

소크라테스적 가르침의 의미를 이해하려면 잘 알려진 또 하나의 패러독스에서 출발하는 편이 좋을지도 모른다. 『니코마코스 윤리학』(7, 2; 1145b25-7)에는 '최선에 위배되는 일을 알면서도 행하는 자는 아무도 없다. 그러한 행위는 무지에서 비롯된다'라는 말이 나온다. 아리스토텔레스는 '박지약행(薄志弱行, 의지가 약하여 어려운 일을 감당하지 못한다는 뜻—역주)'이나 '의지박약意志薄弱'을 부정하기 위해 이런 말을 한 것으로 보인다. 하지만 이것 역시 소크라테스의 생각이 더 이해하기 쉽다. 예를 들어 『메논』(77B-78B) 등에서 말하듯이 '스스로 불행하기를 바라는 자는 없다'

라는 명제를 다른 말로 기술한 것에 불과하다. 인간 생활을 깊이 들여다보면 사람들의 언행이 각양각색이어서 파악할 수 없을 만큼 복잡하게 보이지만, 전체로 보면 자침이 북극을 가리키는 것처럼 그들의 언행은 궁극적으로는 어떠한 '선함'을 지향하고 있다. 이는 사람들이 '자기를 위한 것'이라고 생각하거나 '이익'이나 '행복'이라고 부르며 항상 염두에 두고 있다는 말이다. 하지만 인간은 자신에게 도움이 되지 않는 것을 좋은 것으로 생각하거나 엉뚱한 방향에서 행복을 찾는 바람에 오히려 불행을 초래할 때도 많다. 이러한 착각이 소크라테스가 말하는 무지였다. 소크라테스는 이것이 가장 소중한 것에 대한 무지라고 말했다. 우리는 이러한 경우에 무지가 처음부터 끝까지 행동을 지배한다는 사실을 안다. 그에게는 거짓 선을 믿는 지레짐작에 따른 판단이 행동과 직접 연결된다는 것이 일상의 경험적 사실이었던 셈이다. 즉 무지는 항상 실천적이었다는 말이다. 따라서 지 역시 실천적이어야 한다. 왜냐하면 우리의 억측이나 판단이 항상 거짓은 아니며, 때로는 우연히 올바를 때도 있어서 어떤 좋은 일이 생길 때도 있기 때문이다. 즉, 이 올바른 억측이나 판단은 그 우연성에 의해서는 지와 구별되지만, 실천과 관련해서는 지와 구별되지 않는다. 지智를 이처럼 항상 실천과 연결시키는 한, 이를 용기의 정의를 아는 일과 동일시할 수는 없다. 이미 여러 번 이야기했듯이 소크라테스의 지는 흔히 말하는 이론적 지식이 아니며 오히려 기술자의 기능과 비교해야 하는 것이었다.

플라톤의 『고르기아스』(460B 이하)에는 목수 일을 배운자가 목수가 되고, 음악을 배운 자가 음악가가 되고, 의학을 배운 자가 의사가 되듯이 올바름을 배운 자는 정의로운 사람이 되어야만 한다는 내용이 나온다. 그런데 여기서 배운다는 것은 단순히 그것을 개념적으로 아는 것이 아니라 목수나 의사처럼 이를 몸으로 익혀 집을 만들거나 의료에 종사할 수 있게 되는 것을 뜻하지 않으면 안된다. 몸으로 익힌 기술과 같은 지가 항상 올바른 행위를낳고, 올바른 사람을 만든다면 이러한 '지'는 그야말로 정의의 '덕'이라고 해야 할 것이다. 그리스인이 말하는 덕이란 유능성이기 때문이다. 크세노폰의 『소크라테스 회상』(3, 9, 4-5)에서 '하지 않으면 안 된다는 사실을 알면서 그반대 행동을 하는 자가 지혜로운 자일 수 있는가'라는 질문에 소크라테스는 다음과 같이 답한다.

"모든 사람은 가능한 일 가운데 자신에게 이익이 될 것으로 보이는 것을 골라 이를 행하기 때문에 그 행위에 합당하지 않은 자는 지혜로운 자가 아니다."

그리고 이렇게 덧붙인다.

"올바른 일, 그 밖에도 일반적으로 덕에 바탕을 둔 행동은 모두 선하고 아름답다. 그리고 이 선하고 아름다운 것을 아는 자가 이를 제쳐두고 다른 것을 선택하는 일은 없는데, 이를 모르는 자는 선하고 아름다운 행동을 하지 못한다. 즉, 선하고 아름다운 행위를 할 수 있는 것은 지혜로운 자뿐이다."

이러한 이유에서 정의와 그 외의 것들이 지智여야 한다고 주장한다. 크세노폰의 논리는 늘 그렇듯 지나치게 간단한데, 대체로 지금까지 논의해온 이야기를 하려는 것으로 보면 된다.

또 한 가지, 이른바 지행합일知行合—이나 지덕일체智德—體와 관련해 우리가 소크라테스에 관해 오해하지 말아야 할 것이 있다. 그것은 소크라테스가 문답을 통해 정의定義를 내린다는 점을 들어 그가 우선 정의를 내린 후에 행동으로 전환하려 한다는 식으로 생각하는 일이다. 우리는 합리주의나 주지주의를, 행동에 앞선 이론이 있고, 그 이론이 결론을 내린 다음에야 용감하게 실천으로 뛰어드는 것으로 생각하는 경우가 있다. 하지만 이론과 실천은 이러한 형태로 앞과 뒤의 두 단계로 나뉘어있는 것이 아니다. 우리의 모든 언행은 다양한 생각과 감정을 동반한다. 대체로 우리의 생활은 소크라테스의 무지에 의해 지배당하고 있다. '이론'이라는 것은 때로 소크라테스가 말하는 가장 소중한 것을 잊어버리면서, 마치 온갖 것을 해결할 수 있는 것처럼 자부한다는 점에서 무지의 절정이라고 할 수 있을 것이다. 최선의 이론은 우리의 무지에 대한 자각과 반성에서 태어나야 한다. 신만이 지혜로우며 인간에게 허락된 것은 지혜를 사랑하는 일이다. 우리는 자신과 타인의 행동을 음미하면서 그것을 근본적으로 지배하고 있는 것이 거짓 선을 믿는 지독한 무지가 아닌지를 끊임없이 살펴야 한다. 소크라테스의 문답은 이러한 목적을 위해 행해지는 것이지 단순히 개념주의에 대한 정의를 얻기 위해 행해지는 것이 아니었다.

소크라테스는 개별적인 존재가 무엇인지를 아는 자는 그것을 타인에게도 설명할 수 있다고 믿었다. 그것을 알지 못하는 자는 자신이 실패할 뿐 아니라 타인도 실패하게 만드는데, 이는 특별히 이상히 여길 일이 아니라고 말했다. 그렇기에 그는 동료들과 함께 개별적인 존재가 무엇인지를 검토하기를 멈추지 않았던 것이다. (4, 6, 1)

크세노폰은 『소크라테스 회상』에서 이렇게 말하는데, 깊이 있는 이해는 아니지만 소크라테스 문답법이 실천적인 것이었다는 사실을 말해주고 있다.

9

사실 이런 종류의 학문적인 문제에는 깊이 관여하지 않을 생각이었는데, 결국 손을 대고 말았다. 우리는 '덕德이 곧 지智다'라는 생각이 학문적으로 다뤄질 때는 패러독스적인 면이 강해지지만, 우리가 이미 보아온 것처럼 소크라테스 철학 전체 안으로 되돌려보내면 반드시 이해하기 어려운 것은 아니라는 사실을 알았다. 하지만 이것으로 소크라테스 철학에서의 덕과 지의 관계가 완전히 분명해진 것은 아니다. 우리는 일단 지금까지 소크라테스의 견해를 변론적인 입장에서 다뤘다. 하지만 우리가 처음에 다룬 지와 덕의 문제는 더 넓은 관점에서 살펴보아야 한다.

서양의 고전문헌에는 '학문의 권유'와 비슷한 '무엇무엇의 권유'(프로트레프티코스·로고스)라는 형태의 문장이 여기저기 나온다. 우리는 이것의 원류 가운데 하나로 소크라테스를 들 수 있을지도 모른다. 크세노폰은『소크라테스 회상』에서 소크라테스라는 인물을 경신敬神, 정의, 절제, 사려, 자족 등의 단어를 사용하며 치켜세우는데, 책을 마무리 지으면서 그는 소크라테스가 '덕의 권유'에 뛰어난 능력을 지닌 자였다고 기술한다.

이러한 철학적 생활을 권하는 프로트레프티코스·로고스의 실례를 플라톤의『에우튀데모스』에서 읽을 수 있다. 여기서 그 내용을 상세히 소개하기는 어렵지만, 대략적인 줄기만 더듬어보자면 우선 그 출발점은 '사람은 누구나 행복하기를 바란다'라는 명제로, 이런 종류의 토론 전제로 널리 사용되는 것이다. 앞에서 본 '스스로 불행하기를 바라는 자는 없다'라는 소크라테스의 명제도 이를 바꿔서 말한 것에 불과하다. 그렇다면 이를 출발점으로 삼아, '행복은 어떻게 해야 얻을 수 있는가'를 여러 각도에서 생각하는데 대개는 우선 부나 건강, 미모, 능력, 좋은 태생을 들어 대답을 모색하는 데서부터 시작된다. 하지만 단순한 소유는 인간을 행복하게 해주지 못한다. 만약 그것들을 자유롭게 이용할 수 없다면 진수성찬이 차려져 있는데 먹을 수 없는 것과 마찬가지다. 그렇다면 단순한 사용이 인간을 행복하게 해줄까? 어설프게 사용하면 몸을 괴롭게 만들고 불행을 초래한다. 그렇다면 올바른 사용법은 어디에서 오는가? 용법을 아는 데서 온다. 즉, 행복의 열쇠는 '지知'에 달렸다는 것이 그 결론이다. 따라서 사람은 지知를 사랑하고 구해야 한다고 말하며 여기서 철학의 프로트레프티코스는 일단락(278DE-282E) 된다.

그런데 우리가 구해야 할 지혜는 과연 어디에 있을까? 우리에게 행복을 약속하는 지혜란 과연 무엇일까? 그것은 건강하게 만들거나 황금을 발견하게 하는 지식일까? 절대 그렇지 않다. 건강이나 황금을 얻어도 그것만으로는 행복해지지 못하는 이유는 이미 앞 단락에서 충분히 이야기했다. 우리는 그것이 용법에 대한 지식, 사용을 위한 지혜여야만 한다는 사실을 알았다. 사용을 위한 지혜도 여러 가지인데 그 가운데 어떤 지혜여야 할까? 인생의 여러 가지 일을 처리하고, 사용하는 지혜여야 한다. 즉, 개인의 사사로운 일부터 국가 사회 전반의 일에까지 이르는 사용의 지혜로, 절대적인 지배자인 왕의 지혜, 혹은 치국(정치)의 지혜여야 한다. 철학이 추구하는 지혜는 이러한 것이어야만 한다. 이것이 두 번째 단락(제2단)(288D-291D)의 결론이다.

그런데 정치의 지혜란 어떤 것일까? 과연 어떤 방식으로 사용되어야 그것이 행복의 열쇠가 될까? 사람들을 행복하게 한다는 것은 어떤 것일까? 문제는 조금도 풀리지 않고 우리는 무지한 채로 있다. 프로트레프티코스의 세 번째 단락(제3단)(291D-292E)은 이렇게 우리를 곤혹스럽게 만들고 끝난다. 이것이 소크라테스의 방식이다.

우리는 소크라테스가 말하는 지와 무지가 어떤 것인지에 대해 이미 몇 번이나 반복해서 이야기했다. 프로트레프티코스는 그것을 다양하게 전개해 보여줬다고 할 수 있다. 그렇다면 덕은 어떻게 되는가? 여기(281C)에서는 용기라는 덕도, 용법에 따라 여러 가지 해석이 가능하다. 하지만 이 프로트레프티코스도 첫 부분에서는 '지와 덕에 유의해야 할 것을 설명하는 것'(278D)이라고 규정하고 있다. 그뿐만 아니라 플라톤 위작인 『크레이토폰』[1](407B,

---

1) 플라톤 전집에 포함되어있는 이 대화편은 크세노폰이 『소크라테스 회상』(1, 4, 1)에서 다루고 있는 소크라테스의 프로트레프티코스에 대한 비평이며, 소크라테스의 무지의 입장에 대한 흔하디흔한 비난을 『에우튀데모스』의 세 번째 단락(제3단)의 논의와 결부시킨 것이다.

408E)에서는 소크라테스의 프로트레프티코스는 오히려 정의의 프로트레프티코스로 다뤄지고 있다. '올바른 사용'이 행복의 열쇠라는 데서 출발해 '올바름'을 구하는 방향으로 토론이 진행되기 때문이다. 그렇다고는 해도 이러한 '정의'는 기술(409A)적으로 해석되고, 지식(409E)과 동일시되기 때문에 크게 다르지 않다. 어쨌든 지와 덕은 프로트레프티코스 안에서도 서로 관계가 있는 것으로 다뤄지고 있으며 '지혜를 구하라'는 말과 '덕에 유의하라'라는 말은 『소크라테스의 변명』에서 보인 것과 같은 관계에 있는 것 같다. 양자는 서로 일치하면서도 하나는 아닌 관계라고 해야 할 것이다. 나중에 플라톤이나 아리스토텔레스의 윤리학에 나오는 것처럼 지는 역시 덕의 핵심을 이루는 것이 아닐까?

7장

죽음까지

1

소크라테스를 죽음에 이르게 한 사건의 발단은 과연 무엇이었을까? 우리가 지금까지 보아온 바에 따르면 그의 쓸데없는 이야기, 문답법, 다이몬의 신호, 철학, 아이러니 모두가 그의 죽음과 관련이 있는 것이었다. 소크라테스의 삶과 죽음은 그의 내면에서 비롯된 일종의 필연성이었다고 말할 수밖에 없다. 이에 비하면 재판은 단지 외부적 부가물에 불과했다. 하지만 이미 말했듯 우리는 이 내면과 외면이 일치하고, 겹치는 부분을 찾고 있다. 우리는 잠시 사건의 외부에 시선을 돌려야 한다.

플라톤의 『소크라테스의 변명』을 보면 소크라테스의 죽음을 초래한 사건의 발단은 카이레폰이 가져온 아폴론 신탁이라는 느낌을 받게 된다. 이것이 그를 정치가, 작가, 수공인 등 사회의 각계각층 사람들에게 미움을 살 만한 일을 하게 만들기 때문이다. '청년들에게 해악을 끼친다'라는 혐의에 관해서는 소크라테스적 대화법을 흉내내는 자가 부유층 제자 가운데 나와서 이것이 관련 당사자들 사이에서 물의를 일으키게 되었다고 보면 된다. 하지만 이런 이유만으로 소크라테스에게 죽음을 구형한 재판이 벌어졌다는 것은 쉽게 이해가 가지 않는다. 크세노폰의 『소크라테스 회상』(1, 2, 9 이하)은 이 부분에 관해 조금 더 자세히 다루고 있다. 그것은 소크라테스의 죄상을 기록한 다른 문장에 대한 답변의 형태를 취하고 있으며, 이는 소크라테스 사후에 공개된 것 같다. 크세노폰은 상대를 단지 '고발자'라고만 부르고 이름은 언급하지 않고 있는데 디오게네스 라이르티오스(2, 38, 39)에 나오는 기록으로 미루어보건대 폴류크라테스라고 하는 변론가의 문장이 아닐까 추측된다. 이것이 실제로 법정에서 낭독된 고발 사유인지 아닌지는 모르겠지만, 어쨌든 반대 측이 실제로 생각할 수 있었던 사유라는 사실은 분명하다. 그것을 간추려 보면 다음과 같다.

첫째, 소크라테스는 국가의 공직을 추첨으로 정하는 것은 어리석은 일이라고 주장한다. 선장이나 목수나 피리 부는 사람이나 그 외에도 설령 실패했더라도 그것이 가져오는 피해는 국정을 그르치는 피해보다 훨씬 가벼운 것인데도 추첨에 의지하려는 사람은 없다고 설득한다. 이러한 가르침은 청년들에게 기존의 국가 제도를 경시하게 만들고 폭력을 수단으로 취하게 만든다. (9)

둘째, 소크라테스와 교우 관계에 있었던 크리티아스와 알키비아데스 두 사람은 국가에 가장 큰 피해를 초래한 자들이다. 크리티아스는 참주의 지위에 있었던 자 가운데서도 사람들의 재산을 약탈하고, 폭력을 사용해 사람을 가장 많이 죽인 자이며, 알키비아데스는 민주제 아래 있었던 사람들 가운데 가장 제멋대로 행동하고 극악무도한 짓을 많이 한 자다.(12)

셋째, 소크라테스는 아버지에게 무례하게 행동할 것을 가르쳤다. 즉, 자신과 관계하는 자를 그 아버지보다 지혜로운 자로 만들어준다고 말하며 아버지가 정신이 온전하지 못하다는 사실이 밝혀지면 아버지를 결박하는 일도 법률상 허용된다는 사실을 근거로 삼아 지혜롭지 못한 자가 지혜로운 자에게 속박당하는 것은 합법적인 일이라고 주장했다.(49)

넷째, 소크라테스는 자신이 상대하는 자들에게 아버지뿐 아니라 가까운 친척조차 존경할 만하지 못한 자라고 믿게 했다. 즉, 병에 걸리거나 소송 사건이 일어났을 때 도움이 되는 것은 때에 따라 가까운 친척이 아니라 의사나 변호사라는 것이다. 또, 그는 친구 역시 호의만 있고 도움이 되는 실력이 없으면 소용없다고 말하며, 해야 할 일을 알고 이를 사람들에게 설명할 수 있는 자만이 존경을 받을 만하다고 주장했다. 청년들을 설득해 자신은 더

할 나위 없는 지혜자임과 동시에 다른 사람을 지혜로운 자로 만들어주는 데에도 상당한 수완이 있다고 믿게 했다. 결국 소크라테스와 교제하는 자는, 그를 제외한 다른 사람은 마치 어디에도 존재하지 않는 것처럼 생각하기에 이르렀다. (51)

다섯째, 그는 가장 이름 높은 시인의 작품에서 가장 애매한 부분을 골라 어떤 나쁜 일이라 해도 독재자같이 행동할 것을 가르쳤다. 예를 들어 헤시오도스의 '힘들여 일하는 것은 조금도 부끄러운 일이 아니다. 부끄러운 것은 오히려 일하지 않고 노는 데 있다'라는 부분을 인용해 이것은 시인이 부정한 일이든 창피한 일이든 '무엇이든' 삼가지 말고 그것을 행해서 이익을 얻으라고 권하는 것이라고 설명한다. (56)

이 다섯 가지 항목은 모두 중대한 비난이라고 할 수 있다. 우선 첫째는 소크라테스가 누구든 추첨에 따라 공직에 오를 수 있게 하는 아테네 민주주의의 극치라고 할 만한 제도를 비판하고, 이를 부정함으로써 크리티아스 등의 실례에서 볼 수 있는 폭력 혁명이나 폭력 정치의 길을 열어준 꼴이 되기 때문이다. 즉, 현행의 법률이나 제도를 경시하는 일은 곧, 폭력 수단을 긍정하는 일이 된다.

두 번째는 그 악영향을 보여주는 실례로, 전후에 가장 인기가 없었던 두 인물이 소크라테스적인 신교육의 산물이라면 소크라테스는 잘못된 전쟁 지도나 독재주의 혁명에 대한 중대한 책임을 져야 한다.

이처럼 첫 번째와 두 번째 항목이 소크라테스의 국가 혹은 공공에 관련된 죄를 언급한 것이라면 세 번째와 네 번째 항목은 소크라테스적인 신교육이 가장인 아버지를 중심으로 하는 가족적 결합과 친구들의 결합에 파괴적인 작용을 불러일으킨다는 주장으로 해석할 수 있다. 이에 따르면 소크라테스는 청년을 아버지와 친척들, 또 친구들에게 등 돌리게 만들고 자신만을 신뢰하게 만드는 위험한 유혹자다. 또 가정의 교육적 지위에 대한 뻔뻔스러운 도전자이기도 하다. 그렇기에 헤겔은 부모와 자식의 절대적인 관계 안에 제3자가 도덕적인 개입을 하는 것을 부정한 것으로 보고 아테네 법정을 지지한 것이다. 게다가 실제로 소크라테스 주위 사람들은 카이레폰의 실례에서 볼 수 있듯이 소크라테스만이 유일한 지혜자라고 믿었으며, 다른 사람들은 무시하려 했다.

다섯 번째 항목은 언뜻 보기에 얼토당토않게 보인다. 하지만 호메로스, 헤시오도스 등의 작품이 교육수단으로 널리 사용되었다는 사실을 생각하면 이에 대한 궤변을 참된 인식으로 둔갑시키는 해석은 교육에 중대한 결과를 초래하는 것이라고 보아야 한다. 우리는 플라톤의 『소크라테스의 변명』만으로는 소크라테스가 어째서 고소를 당했는지 충분히 이해할 수 없다. 무지의 폭로로 인한 개인적 원한이 분명히 존재하고, 그것이 유력한 동기였다고 해도 그것만으로는 아테네 법정을 납득시킬 수 없었을 것이다. 그들 역시 그들 나름의 정의가 있어야 한다. 크세노폰이 전하는 고발자의 사유는 그 실마리를 제공한다고 할 수 있을 것이다. 물론 그것이 오해에 기반한 것이었다고 해도 그들이 실제로 소송을 일으키고 소크라테스를 사형에 치하지 않을 수 없었던 이유가 되었다. 인간은 늘 그렇듯 오해를 한다.

2

그런데 이런 이유가 중대하기는 하지만 새삼스러운 일은 아니다. 이는 아리스토파네스 때부터 생긴 오해라고 할 수 있다. 지혜를 사랑하고 추구한 소크라테스의 입장을 한 마디로 파악하자면 고발자가 하는 말과 같이 될지도 모른다. 우리는 무엇이 소송 사건의 배경이 되고 간접적인 원인이 되었는지는 이미 많이 알고 있다. 그런데 펠로폰네소스전쟁이 끝나고 그 혼란이 진정되어갈 무렵, 소크라테스가 기소된 이유는 아직도 분명하지 않다. 따라서 크세노폰의 고발자의 주장도 두 번째 항목인 크리티아스와 알키비아데스에 관한 것을 제외하면, 시기적으로 관계가 없으므로 우리가 알고자 하는 것에 직접적 도움이 된다고는 할 수 없다.

두 번째 항목에 관해서는 후에 데모스테네스의 논적이었던 아이스키네스도 아테네인이 소크라테스를 사형시킨 이유는 '민주제를 파괴한 30인의 참주 가운데 한 사람인 크리티아스의 스승이었다는 사실이 판명되었기 때문'(Timarchus, 173)이라고 단언한다. 또, 크세노폰의『소크라테스 회상』에서도 두 번째 항목에 대한 변명에 가장 많은 분량을 할애하고 있다. 따라서 우리 역시 다른 유력한 원인이 발견되지 않으면 알키비아데스와 크리티아스라는 전후의 혼란 속에서 비명횡사한 이 두 인물이 소크라테스의 죽음과 가장 깊이 연관되어있으리라고 생각하지 않을 수 없다.

기원전 404년, 아테네가 무조건 항복함으로써 약 30년에 걸친 펠로폰네소스전쟁은 막을 내렸다. 이 전쟁은 아테네와 스파르타를 각각의 맹주로 삼아 그리스의 많은 도시국가가 휘말렸던 전쟁으로, 그리스 세계에서는 세계전쟁과 같았으며 역사가 투키디데스의 붓에 의해 영원한 기록으로 남았다. 이 전쟁은 아테네가 해군국이고 스파르타가 육군국이었다는 점, 아테네 측의 여러 나라가 민주제를 취한 데 반해 스파르타 측 여러 나라는 소수자에 의한 독재체제였다는 점에 있어서 흥미로운 대조를 보여준다. 따라서 이 전쟁에는 대외전과 대내전이 따라붙었고, 내란과 정변이 전쟁과 밀접히 관련되어있었다. 아테네 내부에서도 민주파와 반민주파, 반反스파르타파와 신新스파르타파가 전쟁 전부터 존재하면서 주전파主戰派와 평화파平和派의 대립을 만들고 있었다. 그 외에도 아테네와 코린토스 서부 지중해를 둘러싼 경제적 각축 등도 이 전쟁의 요인으로 보아야 한다. 이러한 다양한 양상은 이 전쟁에 근대적인 색채를 부여하고 있다고 할 수 있다. 개개의 전투만 놓고 보면 해군국과 육군국의 전쟁이기 때문에 해군과 해군, 육군과 육군의 주력 결전이 이루어지지 않았기에 전술적으로는 그다지 흥미를 끌 만한 것이 없다고 볼 수 있다. 또, 정략이나 전략에서는 페리클레스가 생각한 소모 작전을 비롯해 정치적 두뇌가 작전을 움직였기에 주목할 만한 부분이 적다.

이 전쟁은 기원전 459~446년의 아테네·스파르타 전쟁의 반복과 같은 것으로 이른바 제2차 펠로폰네소스전쟁이라고 부를 만한 것인데, 이것 자체도 두 시기로 나뉘어 제1기는 기원전 431년부터 421년까지로 스파르타 측 육군의 아티카 침입과 아테네 해군의 서부 그리스와 펠로폰네소스 침략이라는 형태로 진행되었다. 북그리스에서의 양 군의 충돌이 스파르타의 브라시다스, 아테네의 크레온 같은 양 진영의 주전파 전쟁 지도자의 전사를 초래한다. 주화파인 니키아스와 플레이스토아낙스 사이에 평화 교섭이 진행되어 대부분을 전쟁 전의 상태로 돌리는 조건으로 평화를 회복하게 되었다. 하지만 그 조건이 제대로 이행되지 않는 사이에 양 진영, 특히 아테네가 민주파인 휴페르볼로스와 앞서 소개한 알키비아데스가 니키아스와 대립하며 세력을 확대해 또다시 전운이 드리우게 된다. 이것이 제2기로 가장 큰 사건은 알키비아데스의 주장에 따른 아테네군의 시칠리아 원정이었다. 이 원정에서 실패한 아테네가 인적으로나 물적으로나 막대한 손해를 입은 뒤, 아테네 지배하에 있었던 여러 도시국가가 등을 돌렸고, 페르시아가 스파르타 원조에 나서면서 막대한 경제적인 지원에 힘입어 스파르타 측도 해군력을 가지게 된다. 결국 다르다넬스해협의 아이고스포타모이에서 아테네 해군을 기습 격파하는 데 성공해, 기원전 404년 아테네의 항복과 함께 오랜 전쟁의 막을 내리게 된다.

아이고스포타모이에서의 패배 소식이 아테네에 들려온 것은 한밤중이었는데 슬퍼하는 소리가 페이라이에우스(지금의 피레아스—역주)항에서 장벽을 넘어 아테네시에 이르렀고, 그날 밤은 아무도 잠을 이루지 못했다고 전해진다. 앞으로 자신들이 어떤 처지에 놓이게 될지 걱정했기 때문이다.

평화의 길은 금방 열리지 못하고 평화주의자가 감옥에 던져지는 일도 있었는데, 결국 달콤한 희망은 모두 산산조각이 나고, 기아의 압박이 평화주의자 편을 들게 만들었기에 간신히 화해가 성립된다. 그때 맺은 평화 조건에 사망자의 유해 환국을 허용한다는 항목이 포함되어있었고, 문제의 크리티아스는 그런 사람 가운데 하나였는데 그때까지는 텍탈리아에 있었다고 한다. 전쟁이 끝난 아테네에는 세 개의 파 즉, 이러한 귀국자와 민주파, 그 동료라고 할 수 있는 자들로 구성된 파가 있었는데, 소크라테스 소송의 주동자인 아뉴토스라는 이름도 이 중간파 가운데서 찾을 수 있다. 하지만 귀국자의 대표라 할 수 있는 크리티아스는 스파르타군 사령관 리산드로스의 세력을 이용해 본래 새로운 헌법 제정 위원으로 선택된 30인의 참주를 규합하여 하나의 독재 정권을 확립한다. 처음에는 전쟁 중에 그릇된 행동을 하는 사람을 적발해 처벌하는 일만 하던 독재 정권은 나중에는 위험 분자를 제거한다는 구실로 여러 사람을 죽였고, 결국에는 외국인까지 죽이고 재산을 빼앗는 공포 정치를 하기에 이르렀다.

그러자 30인의 참주 가운데 한 사람이자 중간파의 우두머리이며 스파르타와의 화해를 성립시킨 수훈자이기도 한 테라메네스라는 사람이 이에 반대해 설득했지만, 크리티아스는 '혁명에는 유혈 사태가 따르기 마련'이라고 주장하며 회의 장소에 관원을 들여 테라메네스를 체포하고 사형시킨다. 테라메네스는 소크라테스처럼 독배를 마시고 죽게 되는데, 마지막 한 방울을 접시에 남기고는 "아름다운 크리티아스를 위하여"라고 말하고 죽었다고 전해진다.

30인 참주 정권은 테라메네스 같은 인물을 잃음으로

써 점점 대중과 멀어졌고, 나중에는 참주들의 모임이 아닌 크리티아스 한 사람이 지배하는 곳이 되었다. 희망을 잃고 외국으로 떠나는 사람도 적지 않았다. 소크라테스의 동료인 카이레폰도 그 가운데 한 사람이었고, 문제의 아뉴토스 역시 그랬다. 우리는 얼마 있지 않아 그를 30인 참주 정권에 대항하는 무력 저항군 가운데서 발견하게 된다. 이는 이웃 나라 테바이로 도망친 사람들의 무리로, 트라슈플로스라는 유능한 지도자와 함께 아티카 일각을 점령하고는 30인 참주 정권이 보낸 토벌군을 물리치며 점차 세력을 더해갔다. 드디어 페이라이에우스항에 진출해 그곳의 평원에서 크리시아스와 맞붙어 그 독재자를 처단했다. 그 파 사람들은 크리시아스를 잃은 후에도 상대편의 보복을 두려워해 엘레우시스 땅에 머물며 조용히 스파르타군의 무력 간섭을 기대했지만 스파르타 측에서도 사령관 리산드로스의 방식에 대한 비판이 일어 그 희망은 깨지고 말았다. 결국 스타르타 왕 파우사니아스, 민주파 트라슈플로스, 30인파의 리논 등의 정치적 타협을 통해 '과거는 탓하지 않는다'라는 조건으로 내전을 종결하게 된다. 엘레우시스 제관은 이 내전으로 대외전을 할 때보다 더 많은 사람이 죽었다고 탄식했다. 펠레폰네소스전쟁은 코르출라섬의 내전이 발단이 되었는데, 그 내전에서도 코린토스 쪽에 포로로 끌려간 사람들이 곧 귀국해 적국을 위해 독재 정권을 수립하려 잔혹한 투쟁을 했는데, 펠로폰네소스전쟁이 끝난 후에도 또 이러한 비극이 더해졌다.

3

이제 우리는 기원전 399년에 크리티아스의 이름이 어떤 의미였는지를 어렵지 않게 이해할 수 있게 되었다. 30인 참주 정권을 타도하기 위해 싸운 아뉴토스가 소크라테스에게 결전을 강요해왔다. 플라톤의 『소크라테스의 변명』(36AB)에 유죄 판결을 앞두고 소크라테스가 하는 말을 통해 소크라테스의 적으로 아뉴토스가 얼마나 중요한 역할을 했는지 엿볼 수 있다.

이 결과는 나로서는 의외가 아니었다. 그보다 오히려 쌍방의 투표 결과 나온 숫자에 매우 놀랐다. 왜냐하면 나는 이렇게 얼마 안 되는 차이가 아니라 더 큰 차이가 되리라고 생각했기 때문이다. 그런데 지금 상황으로는 30

표만 반대쪽으로 갔다면 나는 무죄가 되었을 것이다. 멜레토스만 있었다면 나는 지금도 무죄 방면되었을 거라고 믿고 있다. 아니, 단순히 무죄 방면될 뿐 아니라 만약 아뉴토스나 류콘이 나를 고소하기 위해 등장하지 않았다면 그는 투표의 5분의 1을 획득하지 못하고, 1천 드라크마(고대 그리스의 통화 단위—역주)의 벌금을 냈을 것이다.

즉, 소크라테스를 기소한 대표자인 멜레토스는 그다지 중요하지 않고, 그 배후에 아뉴토스가 있었기에 소크라테스도 처음부터 패소를 각오했던 것인데, 그 투표수 차이가 의외로 적었다는 사실에 놀라고 있다. 또 소크라테스는 다음과 같이 말한다.

지금 아뉴토스는 여러분을 향해 만약 내가 이 재판에서 무죄방면 된다면 여러분의 아들들은 소크라테스의 가르침을 일상적으로 배우게 되어 모든 사람이 악에 빠질 거라고 말하며 일단 이곳으로 나를 불러낸 이상 사형에 처하지 않을 수 없고, 만약 그렇게 하지 않는다면 처음부터 이런 곳으로 나를 불러내지 말았어야 한다고 주장했다. (29C)

이는 아뉴토스가 단호한 결의를 하고 소크라테스를 법정으로 불러냈음을 암시한다. 이는 하나의 결전이었다고 할 수 있을 것이다. 무엇이 그에게 이런 결심을 하게 했을까?

플라톤의 『소크라테스의 변명』에는 아폴론 신탁을 계기로 소크라테스가 무지를 폭로하고 다니는 바람에 피해를 봤다고 믿는 사람들 가운데 아뉴토스는 수공인과 정치가를 대표하는 자라고 나와 있다. 또 플라톤은 그를 『메논』(90A 이하)에도 등장시켜 소피스트 교육이 유해하다며 이를 국가나 일반 가정이 용인하는 것은 광기의 소산이라는 극단적인 말을 했다. 그는 일반 시민 가운데도 훌륭한 교육자가 얼마든지 있다고 말했다. 소크라테스가 그런 훌륭한 사람들도 자기 자녀 교육은 성공하지 못한 예를 들자 "자네는 쉽게 다른 사람의 험담을 하는군" 하며 위협적으로 경고하는 장면이 나온다. 아뉴토스는 여기서도 일반 시민의 생각을 대표한다고 할 수 있다. 이처럼 시민들의 소피스트 혐오는 이미 보았듯이 아리스토파네스 극 이후에 나타난 것으로, 이것만으로는 그가 곧바로 소크라테스와의 일전을 각오할 만한 상황이라고 볼 수 없다. 하지만 크리티아스의 실제 예가 여기에 연결되면 의미가 전혀 달라진다. 크리티아스는 계몽사상을 경험한 지식인으로 그가 썼다고 전해지는 몇 가지 시구가 오늘날에까지 전해진다. 그 가운데는 알키비아데스에게 바치는 시(fr. 4~5)와 스파르타의 제도와 풍속을 칭송하는 시(fr. 6~9)가 있으며, 법률·도덕·종교 기원에 관해 언급하며 그것이 일부 사람들이 만들어낸 허위라고 하는 매우 대담한 생각을 담은 시(fr. 25)도 있다. 만약 이런 생각들을 합리적, 혹은 진보적이라고 부르는 것이 허용된다면 그는 합리주의를 넘어서는 진보적 지식인으로 불렸을 것이다. 이런 크리티아스의 독재주의 혁명에 고통받고, 그와 더불어 싸우며 마침내 자유를 회복한 아뉴토스의 눈에는 모든 합리주의, 혹은 계몽사상이 현실적인 위협처럼 보였을지도 모른다.

플라톤의 『소크라테스의 변명』의 옛 주석에 따르면 아뉴토스는 안테미온의 아들이자 아테네에서 태어난 알키비아데스를 사랑한 적이 있으며 무두장이로 살며 부유한 생활을 했기에 멜레토스에게 보수를 주고 소크라테스를 불경죄로 고소하게 했다고 한다. 플라톤의 『메논』(90A)은 그를 안테미온이라는 아버지의 이름을 걸고 착실하게 재산을 쌓은 사람이라고 말한다. 알키비아데스와의 관계에 대해서는 플루타르코스의 『알키비아데스』(4)에 나와 있는데, 소크라테스와 연적 관계였다고 한다. 만약 이것이 사실이라면 소크라테스에 대한 아뉴토스의 원한은 꽤나 오래된 것이라 할 수 있다. 『메논』에서는 그가 정치적인 요직에 앉았다고 하는데, 기원전 409년의 피로스 원정에서는 지휘관을 맡았다. 하지만 폭풍우 탓에 목적을 달성하지 못하고 피로스는 결국 스파르타군의 손에 들어가고 만다. 그는 이 패전의 책임을 추궁당해 법정에 섰지만, 배심원을 매수해 무죄 판결을 받는다. 아리스토텔레스의 『아테네의 헌법』(27, 5)에는 이것이 최초의 배심원 매수라고 기록되어있다. 이 책(34, 3)에는 종전 직후 그의 정치적 입장은 테라메네스 일파에 속한 중립파였다고 전해진다. 그 후 30인 참주 정치와의 항쟁은 앞에서 이야기한 바와 같으며 이에 관해서는 크세노폰의 『그리스사』(2, 3, 42 이하)에 자세히 나와 있다.

멜레토스는 오래된 주석에 따르면 어설픈 비극작가로 트라키아 지방 출신이며 아리스토파네스의 작품 『개구리』(기원전 405년), 『새』(기원전 399년 이후), 『농부』(기원전 424년) 등에 그의 이름이 등장한다고 한다. 『개구리』에서는 그것이 사실(1302행)로 인정되고 있다. 『농부』에서는 그가

『카리아스』라는 작품을 썼다고 나와 있고, 『새』가 상연된 해에는 『오이디포데이아』를 냈다고도 기록되어있다. 하지만 플라톤의 『에우튀프론』(2B)에는 멜레토스가 아직 이름도 없고, 사람들에게도 그다지 알려지지 않았다고 나와 있기에 오래된 주석의 기록이 동업하는 작가나 동명이인을 혼동한 것이 아니냐는 의혹이 있다. 소송장에 따르면 멜레토스의 아버지 역시 멜레토스라고 불리고 있었던 걸로 보아, 아버지를 말하는 건지도 모르겠다.

또, 크세노폰의 『그리스사』(2, 4, 36)에는 30인 참주 정권 편에 있었던 사람으로서 스파르타에 가는 사절단에 개인 자격으로 참여한 자 가운데도 멜레토스라는 이가 있었다고 기록되어있다. 하지만 소크라테스의 고발자와 동일인이 아닌가 추정되는 것은 또 다른 사람이다. 기원전 399년에 안도키데스라는 변론가가 불경죄로 고소당했는데, 그 고발자 가운데 멜레토스라는 이름(Andocides, De Mysteriis, 94)이 있기 때문이다. 소크라테스의 소송에 관여한 또 한 사람은 류콘인데 그는 변호사 같은 역할을 했을 것으로 생각된다. 오래된 주석에는 또 다른 이야기가 나오지만 여기서 다룰 만큼 중요하지는 않다.

4

그렇다면 아뉴토스는 왜 소크라테스와 크리티아스와
의 관계를 직접 추궁하지 않고 막연한 불경죄를, 그것도
멜레토스 같은 인물을 고용해 고소해야 했을까? 확실한
이유는 알 수 없지만 아마 '과거는 탓하지 않는다'라는 기
원전 403년의 맹세를 고려한 결과일 것이다. 아리스토텔
레스의 『아테네의 헌법』(40, 2)에 따르면 그것을 위반한 사
람이 처음 나타났을 때 알키노스라는 유력한 지도자가
'지금 이것을 묵인한다면 서약이 무시되고 민주정치가
위태로워질 것'이라고 설득해 정부 위원회가 위반자를
재판 없이 사형에 처하도록 결정하게 만들었기에 그 후
이를 위반하는 사람이 한 사람도 나오지 않았다고 한다.
따라서 아뉴토스도 크리티아스와의 관계에 대해 소크라
테스를 추궁할 수는 없었다. 그래서 종교상의 죄를 찾아
그 방면으로 관련이 있어 보이는 ―이는 안도키데스에
대한 동종의 소송이 동일인에 의해 행해졌다는 이야기인
데― 멜레토스를 앞장세워 소크라테스를 고발했을 것으
로 추측된다.

따라서 소크라테스 측의 변명도 두 가지 측면에서 이
루어져야 했다. 한편으로는 오래전부터 내려온 신앙을

등지는 일은 하지 않았다거나 청년들에게 해악을 끼치는 일은 하지 않았다는 일반적인 변명을 시도함과 동시에 다른 한편으로는 크리티아스와의 관계가 죄 없는 관계였다는 사실을 밝히는 변명이다. 플라톤의 『소크라테스의 변명』(33A)에 나온 내용은 이 점을 지적한 것으로 보인다.

> 내 제자들이 나를 모함한다고 말하는 사람은 말할 것도 없고 그 누구라도 정의에 어긋나는 일을 한다면 나는 절대 용납하지 않았을 것이다.

또 아폴론 신탁을 가져온 카이레폰에 대해 "그는 젊은 시절부터의 친구로 여러분 대다수와도 동료이며, 몇 해 전 여러분과 함께 국외로 망명했다가 함께 귀국했다"(21A)라고 말함으로써 소크라테스의 진정한 동료는 30인 참주 정권에 대한 저항파 가운데 있었다는 사실을 보여주며, 소크라테스를 크리티아스와 한패 취급하는 일의 부당함을 암시했다. 또 마찬가지로 소크라테스가 30인의 본부로 불려가 살라미스 사람 레온을 ―죽이기 위해― 데리고 오라는 명령을 받았을 때 동행한 다섯 명 가운데 소크라테스만이 이를 따르지 않았다는 이야기

(32CD)도 그가 독재 정권의 협력자가 아니었다는 사실을 증명하는 것이다. 안도키데스가 폭로한 것처럼 그때 멜레토스라는 인물이 레온을 데리러 갔다면, 또한 그 인물이 소크라테스나 안도키데스 불경을 고발한 인물과 같다면 거기에는 이 시국 편승자에 대한 통렬한 비판도 담겨 있다고 말할 수 있겠다. 그런데 이것은 지나친 상상일지도 모른다.

우리는 또 이것 외에 크세노폰의 『소크라테스 회상』(1, 2, 33 이하)에서 소크라테스가 크리티아스를 포함한 일단의 사람들에게 불려가 '청년들과 문답해서는 안 된다'라는 명을 받았을 때, 비꼬며 반문을 시도하는 것 등을 들 수 있다.

소크라테스는 아뉴토스와 정반대 입장에 있는 크리티아스 역시 청년들을 유혹하는 자라며 두려워하고 있었다. 소크라테스를 당파적 인물로 파악하는 것은 어느 쪽 편에서도 성공하지 못할 것이다. 우리는 그런 점에서 굳이 소크라테스를 위해 변명할 필요도 없다. 아마 아뉴토스도 그런 점에서 소크라테스의 죄를 지적하지는 못했을 것이다. 아뉴토스가 물으려 하는 것은 소크라테스의 사상적, 혹은 교육적 책임이다. 이 부분에 관해서는 『크리톤』(52E)에 소크라테스가 항상 스파르타나 크레테의 법률

습관 등을 뛰어난 것으로 인정했다고 하는 데 주목해야한다. 이미 보았듯이 크리티아스도 스파르타의 헌법을 칭찬했고, 크세노폰 자신도 스파르타의 헌법에 대한 글을 썼다. 아테네의 민주제는 이미 솔론 이후 200년의 역사가 있었고, 펠로폰네소스전쟁이라는 어려움을 경험하며 각종 비난을 받았기 때문에 아테네의 지식인 가운데는 오히려 스파르타의 정치체제에 흥미를 가지는 사람이 적지 않았던 것 같다. 크세노폰의 『소크라테스 회상』(3, 5, 15)에는 모든 면에서 아테네는 비관적인 상태에 있으며 언제쯤 되어야 스파르타처럼 될 수 있을지 모르겠다는 한 청년과 소크라테스의 대화가 나와 있다. 따라서 스파르타에 흥미를 느끼는 것은 특이한 일은 아니었다고 할 수 있다. 고발자들이 비난한 것처럼 소크라테스가 그의 철학적 입장에서 민주제에 대해 근본적인 비판의 마음을 가지고 있었다는 것은 사실이다. 또, 소크라테스적인 생활의 어떤 부분은 스파르타의 방식과 맞는 부분이 있었을 것이다. 그것은 맹목적인 스파르타 숭배와 구별되며 크세노폰과의 문답에서도 소크라테스는 오히려 반대 입장을 취하고 있다. 이는 크세노폰이 스파르타 편을 드는 사람이었던 만큼 흥미로운 부분이다.

우리는 소크라테스에게 사상적 책임을 전적으로 떠넘길 수는 없다. 하지만 크리티아스나 알키비아데스와의 접촉 자체를 부정할 수 없는 것도 사실이다. 이에 대해 크세노폰은 용의주도하게, 소크라테스의 포티다이어나 델리온에서의 행동에 대해서조차, 그것은 오히려 그의 취향에 맞는 소재였는데도 불과하고, 거기에서 알키비아데스와의 접촉이 있었기 때문에 『소크라테스 회상』에서는 조금도 언급하지 않았다.

이에 반해 플라톤은 그 점에서 매우 대담했다. 『향연』과 『카르미데스』 등은 세평에 대한 도전이라고 할 수 있을 것이다. 소크라테스를 위한 변명은 그러한 관계를 그저 숨기려 드는 것이 아니라 그 사실을 분명하게 하는 데 있다고 해야 할 것이다. 알키비아데스와 크리티아스는 뛰어난 재능의 소유자였기에 타고난 교육자였던 소크라테스가 젊은 시절 그들에게 특별한 애착을 느꼈다고 해도 특별히 이상할 건 없었다. 알키비아데스에 대해 말하자면 그는 편협한 지식인에 불과한 크리티아스에 비하면 기개와 도량이 크며 기발한 재략과 대담한 실행력, 신비로운 인간적 매력을 지닌 사람이었던 것으로 보인다. 플루타르코스의 『알키비아데스』(23, 4~5)에 알키비아데스는 선한 사람 사이에 있든 악한 사람 사이에 있든 그들을 흉내 내어 그대로 따라 하지 못하는 일이 없었다고 전한다. 그래서 스파르타에서는 체육 훈련을 하며 검소한 생활을 하고 음울한 눈빛으로 지냈는데, 이오니아에서는 호화스럽고 유쾌하게 생활했으며, 트라케에서는 술을 많이 마시고, 테탈리아에서는 승마에 열중하고, 페르시아 장관과 함께 살 때는 거만하게 행동하고 낭비하면서 페르시아풍의 사치를 즐겼다고 한다. 그는 자신과 함께 있는 '모든 사람의 마음을 누그러뜨리고, 어떤 천성인 사람도 사로잡으며, 두려워하거나 시기하는 사람도 그와 함께 있으면서 그의 얼굴을 보면 왠지 모르게 기분이 좋아지고 호감을 가지게'(24, 4) 만들었다. 게다가 집안도 좋고 체력도 강하며 용모가 아름답고 재산과 재능이 있으며 손이 컸다. 또, 연설도 잘하는 등 온갖 좋은 것을 다 가지고 있었는데 유일하게 소크라테스라는 가장 소중한 존재에 대한 이해가 부족했다. 그것이 이 모든 이점을 소용없게 만들었고 그 자신이나 다른 사람들을 불행하게 했다. 그는 『에우튀데모스』에서 소크라테스가 말하는 플로트레프티코스의 실증이라고도 할 수 있는 인물이었다. 소크라테스와 알키비아데스는 그야말로 서로 찾고 보충해야 할 양 극단이었는지도 모른다.

5

우리는 앞에서 소크라테스가 구하는 지혜가 관념적 지혜가 아니라 일상적 삶을 살아가는 데 필요한 중요한 지혜이며 대부분 치국이나 정치를 하는데 필요한 지혜와 겹친다는 사실과 소크라테스가 자신을 신의 명령으로 아테네라는 국가에 달라붙은 등에라고 부른다는 사실을 알았다. 『소크라테스의 변명』(31C)에는 다음과 같은 부분이 나온다.

그나저나 이상한 일처럼 보일 것이다. 사교의 형태로는 지금 한 말 같은 것을 권고하며 돌아다니고 쓸데없는 참견을 하면서도 공적으로는 대중 앞에 어떤 일을 해야 한다고 국민 전체에게 권고하는 일은 그다지 하지 않으니 말이다.

이 말을 듣고 나면 우리 역시 이 의문에 동감하지 않을 수 없다. 그런데 우리는 여기서 또 다이몬의 개입을 본다. 소크라테스는 정치에 관여하는 일을 다이몬에 의해 금지당한다. 그는 점쟁이적 해석을 통해 그것이 이유 있는 일이라고 생각한다.

만약 내가 이전부터 국정의 분쟁에 관여하기를 꾀했다면 나는 이미 오래전에 신세를 망치고 여러분이나 나 자신에게 어떤 득도 되지 못했을 것입니다. 왜냐하면 여러분 나름대로, 혹은 사람들 대다수가 국가 사회에서 벌어지는 많은 부정이나 위법을 나름대로 정직하게 반대하며 끝까지 저항하려 한다 해도, 그것을 끝까지 관철해내는 자는 없을 것이기 때문입니다. 정말로 정의를 위해 싸우려는 자가 잠시라도 제 몫을 다하려면 사인私人으로 있어야 하며 공인公人으로 행동해서는 안 됩니다. (31D~32A)

이는 매우 절망적인 논조인데 무지의 자각과 마찬가지로 정의라는 것을 진지하게 생각한다면 우리도 부정적이 될 수밖에 없을 것이다. 하지만 정의에 관여하기를 피하는 소크라테스에게 오히려 정치가 덤벼든다. 30인 참주 정권에 불려간 소크라테스는 자신의 생명을 돌보지 않음으로 생명의 위험을 무릅썼다. 만약 30인 참주 정권이 무너지지 않았다면 그는 기원전 399년이 아니라 403년에 죽었을 것이다. 그리고 이러한 위험은 비단 특수한 시기에만 있었던 것은 아니었다.

소크라테스는 국민의 의무를 다하기 위해 국민평의회에 출석해 위원으로 종사한 적이 있었다. 기원전 406년 아르기누사이해전이 있었던 해로 그 해전은 아테네의 승리로 끝났는데, 폭풍우 탓에 파선된 선박의 사람들을 충분히 구조하지 못했고, 결국 88명의 지휘관이 그 책임을 묻게 되었다. 평의회가 위법적으로 개별 심리를 생략하고 일괄적 판결을 내리려 했을 때 소크라테스는 원안을 준비해야 하는 위원회에 속해있었는데, 오직 혼자만 끝까지 그것이 위법임을 주장하며 물러서지 않았다. 그래서 소크라테스는 회의장에 가득 찬 사람들에게 욕을 먹으며 비웃음을 당했다. 또 고발당할 위기에 빠지고 말았다. 최소한의 정치적 접촉을 했을 때도 정의를 관찰하는 일은 항상 목숨을 잃을 각오를 해야 하는 일임을 소크라테스는 경험을 통해 알게 되었다. 다른 사람들은 일신의 안전을 지키기 위해 정의를 포기할지도 모른다. 하지만 그것은 소크라테스의 길이 아니었다. 정의를 지키고 정의를 위해 싸우려면, 조금이라도 오래 살아남아서 싸우려면, 가능한 정치를 회피하는 것이 유일한 답이었다.

하지만 소크라테스의 철학은 사람들에게 호소하는 것이며 본래 정치적이었다가 다이몬의 금지에 따라 철학으로 굴절된 것이기에 정치를 회피하는 것은 역시 모순이었다. 신의 명령으로써의 그의 철학은 무지의 폭로에서, 또 총체적인 아이러니에서, 음미의 정신에서, 정치의 모든 것과 대립할 수밖에 없었다. 이를 거꾸로 보면『고르기아스』(521D)에서 말하듯 소크라테스만이 진정한 정치가였다고도 할 수 있다. 아뉴토스는 그와 같은 대립을 이해하지는 못했겠지만 느낌으로 인식하고 있었다고 할 수 있다. 소크라테스는 이 대립의 실상에 관해 어디까지 알고 있었을까? 그는 꿈꾸는 자로서 자기의 주관 속에 깊이 가라앉아 정치의 두려운 실체에 대해서는 아무것도 알아차리지 못했을까? 플라톤의『고르기아스』(521C)에서 대화상대인 칼리클레스가 소크라테스의 정의에 대한 고상한 토론에 화가 치밀어 '그런 말을 하고 마치 이 사회 밖에 사는 것처럼 구는데, 별 볼 일 없는 악인에게 고소당해 터무니없는 일을 당할 거라는 생각은 안 하냐'라고 말하는 부분이 있다. 이에 대해 소크라테스는 이렇게 대답한다.

만일 내가 '이 나라에 살고 있으면서 누구든 어떤 일을 당한다'라는 생각을 하지 않고 있다면 나는 분명 얼간이일 것이다.

우리는 여기서 소크라테스의 각오를 엿볼 수 있다. 소크라테스는 자신의 위험에 대해 충분히 알고 있었다. 하지만 그는 『크리톤』(48B)에 나온 유명한 말처럼 '그저 살아있는 것이 아니라 잘 사는 것을 중요하게 생각'해야 했다. 이 원칙은 그가 부당한 재판으로 죽임을 당하게 생겼다고 지인들이 탈옥을 준비하고 설득하러 오는 비상 상황에서도 역시 같은 의미를 지닌다. 이때도 그는 평소처럼 말하는데 그 의미는 무엇일까? 『고르기아스』(512D~513B)에 나온 말이 이를 설명해줄지도 모른다.

고귀한 것, 선한 것은 목숨을 살리는 것과는 다른 일이다. 자신이 어떤 인간인지와는 상관없이 그저 자기 목숨을 보전하고 어느 만큼의 시간이라도 사는 것은 남자가 문제로 삼을 일이 아니다. 누구도 정해진 죽음을 피할 수 없다면 그런 일은 신에게 일임하고, 신의 뜻을 전하는 여자들의 말을 믿고 그다음 일 즉, 살아있는 시간을 어떻게 하면 가장 잘 살 수 있는가를 생각해야 한다.

이는 다소 냉철하게 들리지만, 근본정신은 소크라테스의 철학과 일맥상통한다. 인생은 그것만으로는 철저히 무의미하며 우리는 여기에 무언가 좋은 것을 보태야 한다. 그런데 '잘 산다'라는 말은 무슨 뜻일까? '자신을 훌륭하게 만들고 정신을 올바르게 한다'라는 말은 또 무슨 뜻일까?

6

『크리톤』(47DE)에 그 '정신'에 대해 주목할 만한 내용이 나온다. 그것은 '옳음(정, 正)에 의해 훌륭한 것이 되고, 그름(부정, 不正)에 의해 망가져온 것'이라는 말이다. 즉 우리의 '생명'은 지금까지 이 올바름과 올바르지 못함에 의해 선하거나 악하게 된 것이다. 따라서 앞의 유명한 말이 나온 부분에도 '잘 산다는 것'은 '올바르게 사는 것'이라고 간략히 언급하고 있다. 잘 산다고 해도 길흉화복이나 이해에 관해서는 우리 인간이 제대로 분별할 수 없는 것이 있다. 『소크라테스 회상』(1, 1, 7~9)에서도 그런 일은 신탁에 의지할 수밖에 없다고 말한다. 행복의 열쇠로 만인이 구하는 지혜는 신에게만 있었다. 소크라테스도 이런 일에 관해서는 다이몬의 신호를 따랐다. 하지만 옳음과 그름이란 신탁에 의지하지 않아도 인간이 스스로 생각하면 알 수 있다. 적어도 우리는 자신이 그릇된 일을 해서 해를 입고 있다는 사실을 아플 만큼 잘 안다. 무엇이 옳고, 무엇이 옳지 못한지는 아무도 모른다는 말은, 실은 탁상공론에 지나지 않는다. 살아가면서 부당한 취급을 받아보지 않은 사람은 아마 없을 것이다. 우리는 그러한 부정의 경험과 함께 또 옳음이 무엇인지 알게 된다. 적어도 우리는 부정을 통해 정의를 구하지 않으면 안 된다. '잘 산다'라는 것에 대한 소크라테스의 답은 이 '옳음' 가운데 있다고 할 수 있다. 아마도 인간의 진정한 행복은 이 평범한 한 가지 안에 있는지도 모른다. 이미 보았듯이 애지愛智의 프로트레프티코스는 곧 정의의 프로트레프티코스였던 것이다. 따라서 『크리톤』의 소크라테스도 하나의 부정에 대해 또 다른 부정으로 대응하는 일을 철저하게 부정하지 않으면 안 되었다. 그러한 부정에 따라 그 자신이 상처를 받을 거라고 믿었기 때문이다. 크산티페가 '당신은 부정하게 죽임을 당하는 것이다'라고 말했을 때 소크라테스는 '그러면 자네는 내가 정당하게 죽임당하기를 원하는 가'라고 답했다는 이야기가 전설처럼 전해 내려온다. 그는 죽어 마땅한 죄를 지어 죽는 것보다 아무 죄도 짓지 않고 그냥 일이 잘못되어서 죽는 것이 오히려 낫다고 생각한 것 같다. 그런 그의 죽음에 대해 파이돈은 다음과 같이 말하는데, 그 자리의 분위기가 고스란히 전달된다.

사실 나는 그때 곁에 있으면서 정말로 이상한 기분을 느꼈습니다. 친한 사람의 임종에 입회하고 있는데 가엾은 생각이 들지 않았던 것입니다. 그분이 행복해 보였기 때문입니다. 태도도 그렇고 말씀도 그랬습니다. 정말로 태연자약한 태도로 고상하게 죽음을 맞이했습니다. (중략) 하지만 평상시에 우리가 철학에 관한 이야기를 하며 지내던 때 같은 유쾌함은 없었습니다. 아니, 그건 정말 무언가 기묘한 감정이었습니다. 즐겁기는 하지만 저분이 조금 뒤에 돌아가신다고 생각하면 고통이 뒤섞여서 무언가 덧없고, 복잡한 기분이 들었습니다. 그리고 이는 그 자리에 입회한 사람 모두가 공유한 기분이었을 겁니다. 어느 때는 웃고 있다가 금세 또 눈물에 잠기면서 말이죠.

플라톤은『파이돈』을 '이것이 우리 친구의 마지막이었습니다. 그야말로 우리가 아는 한 당대에서 유일한 사람이라고 할 만한, 특히 지혜와 정의에 있어서는 달리 비할 데 없는 사람이었습니다'라는 말로 끝맺고 있다.

　『파이돈』(367DE, 506BC)과『소크라테스 회상』(4, 8, 4)에서도 소크라테스는 전 생애를 정의의 문제에 바친 사람으로 소개된다. 소크라테스야말로 정의의 증인이었다. 그의 삶과 죽음은 그가 만인에게 물었던 것에 대한 답이었다. 진정한 철학(애지)이란 그런 것이리라.

옮긴이 후기

'철학' 하면 떠오르는 대표적인 인물인 소크라테스는 태어난 연도조차 분명하지 않고, 스스로는 책 한 권도 남기지 않았다. 말년의 행적 외에는 알려진 바가 없다. 수많은 사람이 그의 말과 행동에 관한 이야기를 남겼지만, 무엇이 진실인지는 학자들도 확언할 수 없다. 그런 그의 행적이 오늘날의 우리에게 기억되며 큰 울림을 주는 까닭은 무엇일까?

『소크라테스, 죽음으로 자신의 철학을 증명하다』의 저자 다나카 미치타로는 소크라테스의 인생과 철학의 의미를 찾는 여정에 함께하자고 우리를 초대한다. 소크라테스 연구의 대가인 그는 상당히 조심스럽고 신중한 자세로 소크라테스 문제에 접근한다. 스스로는 저서를 남기지 않고 다른 사람들의 이야기 속에만 존재하는 인물에 관해 이야기하며 진실에 다가가야 하기 때문일까?

다나카 미치타로는 소크라테스의 탄생 연도에 관한 의

견이 분분하다는 이야기에서 시작하여 우리가 그에 대해 확실하게 알 수 있는 사실은 아무것도 없다고 말한다. 그런데도 그는 『소크라테스의 변명』『크리톤』『파이돈』『에우튀프론』『메논』 등 수많은 고전에 등장하는 이야기 조각을 맞춰보며 우리가 소크라테스의 삶을 들여다보아야 하는 까닭을 밝히려 한다. 다나카 미치타로는 소크라테스에 관한 기록들을 완전히 부정하거나 긍정하기보다는 여러 가지 가능성을 열어놓고 진실에 다가가 보자고 우리를 초대한다.

베일에 싸인 고대 그리스의 한 철학자가 우리에게 이름을 널리 알릴 수 있었던 까닭은 무엇일까? 아테네 시민으로서 의무를 다하고자 애썼기 때문일까? 몸의 안락함보다는 마음의 평안함을 찾고자 했기 때문일까? 그런 거라면 적어도 현대를 사는 우리에게는 특별해 보이지 않는다. 그 실천 여부는 차치하더라도 많은 사람이 마땅히 그래야 한다고 생각하기 때문이다. 그렇다면 평범한 이야기를 하는 것처럼 보이는 소크라테스가 이토록 오랫동안 회자되는 까닭은 무엇일까?

저자는 인생에 있어서 가장 중요한 것이 무엇인지를

끊임없이 탐구하고자 했던 소크라테스의 평범한 듯 평범하지 않은 철학의 의미를 알기 위해 그의 탄생과 생계 문제, 악처로 알려진 아내 크산티페에 관한 이야기, 계몽사상의 선구자로 청년들을 타락시켰다는 누명을 쓰게 된 이야기, 어떤 결정을 앞두고 있을 때 반대하는 목소리로 들려왔다는 다이몬의 신호에 관한 이야기, 가장 지혜로운 자라는 델포이 신탁을 받고 신탁의 의미를 해석하려 하다가 사람들의 미움을 샀던 이야기, 아테네 법정에서 사형 선고를 받고 죽음에 이르기까지를 여러 문헌을 참고하며 따라간다.

그리고 이런 결론을 내린다. '소크라테스는 전 생애를 정의의 문제에 바친 사람이며, 그의 삶과 죽음은 그가 만인에게 물었던 것에 대한 답이었고, 그가 삶을 통해 보여준 모습이야말로 진정한 철학'이라고 말이다.

살아남을 기회가 분명히 있었는데도 불구하고 소크라테스는 죽음을 선택한다. 현대인 입장에서는 조금 미련스럽게 보이는 그의 죽음을 통해 우리는 무엇을 배울 수 있을까? 그가 목숨을 버리면서까지 알려고 했던 진실은 무엇일까? 참과 거짓이 교묘하게 뒤섞인 현실 속에 살면서 우리는 참에 대한 갈구를 잃어버린 지 오래다. 바르게 사는 일에 무관심하거나 바르게 살고자 하는 마음은 있지만, 현실과 적당히 타협하며 자신을 합리화시킨다. 당장의 이익을 좇기에 급급한 나머지 인생에 대해 깊이 있게 성찰하지 못한다. 참된 인식을 얻기까지 절대 멈추지 않았던 소크라테스의 삶의 여정이 우리에게 던지는 메시지는 강렬하다. 그럴듯한 말만 늘어놓으며 모르는 것을 아는 것처럼 포장하기 바쁜 정치인과 지식인에게 그는 목숨을 내놓고 끊임없이 질문을 던졌다. '돈이나 명예'보다 중요한 것이 있다는 자신의 철학을 삶으로 보여주었기에 그의 인생은 아름다웠다. 이것이 우리가 소크라테스를 잊지 못하고 기억하는 까닭이고, 그의 삶이 우리의 가슴을 울리는 이유일 것이다.

찾아보기

IWANAMI 068

소크라테스,
죽음으로 자신의 철학을 증명하다

초판 1쇄 인쇄 2021년 10월 10일
초판 1쇄 발행 2021년 10월 15일

저자 : 다나카 미치타로
번역 : 김지윤

펴낸이 : 이동섭
편집 : 이민규
책임편집 : 조세진
디자인 : 조세연
표지 디자인 : 공중정원
영업·마케팅 : 송정환, 조정훈
e-BOOK : 홍인표, 최정수, 서찬웅, 심민섭, 김은혜
관리 : 이윤미

㈜에이케이커뮤니케이션즈
등록 1996년 7월 9일(제302-1996-00026호)
주소 : 04002 서울 마포구 동교로 17안길 28, 2층
TEL : 02-702-7963~5   FAX : 02-702-7988
http://www.amusementkorea.co.kr

ISBN 979-11-274-4783-0 04100
ISBN 979-11-7024-600-8 04080 (세트)

SOCRATES
by Michitaro Tanaka
Copyright ©1957, 2002 by Mahito Tanaka
Originally published in 1957 by Iwanami Shoten, Publishers, Tokyo.
This Korean print edition published 2021
by AK Communications, Inc., Seoul
by arrangement with Iwanami Shoten, Publishers, Tokyo

일본의 지성과 양심

이와나미岩波 시리즈